飞镖

全民健身项目指导用书

马洪明 郑磊◎主编

吉林出版集团股份有限公司　全国百佳图书出版单位

图书在版编目（CIP）数据

飞镖 / 马洪明, 郑磊主编. -- 2版. -- 长春：吉林出版集团股份有限公司, 2010.2(2024.8 重印)
全民健身项目指导用书
ISBN 978-7-5463-2323-7

Ⅰ.①飞… Ⅱ.①马… ②郑… Ⅲ.①文娱性体育活动–基本知识 Ⅳ.①G899

中国版本图书馆 CIP 数据核字(2010)第 028346 号

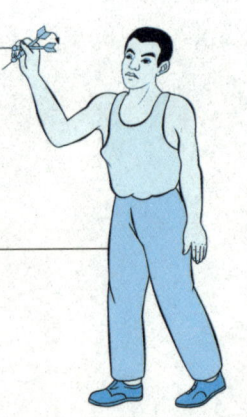

全民健身项目指导用书

飞　镖
FEIBIAO

主　　编	马洪明　郑磊
责任编辑	黄　群　杜　琳
封面设计	吕宜昌
开　　本	650mm×960mm　1/16
印　　张	6
字　　数	30 千
版　　次	2010 年 2 月第 2 版
印　　次	2024 年 8 月第 4 次印刷
出版发行	吉林出版集团股份有限公司
地　　址	吉林省长春市福祉大路 5788 号
邮　　编	130000
电　　话	0431-81629968
电子邮箱	11915286@qq.com
印　　刷	三河市金兆印刷装订有限公司
书　　号	ISBN 978-7-5463-2323-7　　定　价　33.00 元

版权所有　翻印必究
如有印装质量问题，请寄本社退换

技术、运动技巧、比赛规则等,使读者在学习过程中,不仅能够学会运动健身的方法,同时还能够学到保健方面的基本知识。

经国务院批准,自 2009 年起,将每年的 8 月 8 日定为"全民健身日"。《全民健身项目指导用书》的出版,必将为开展全民健身活动起到积极的推动和指导作用。

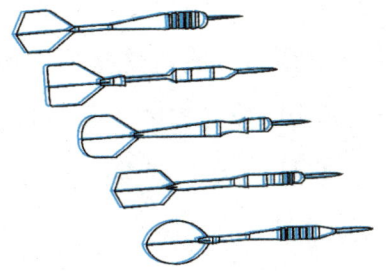

自1995年我国政府推出《全民健身计划纲要》以来,我国群众性体育活动蓬勃发展,取得了显著的成绩。2008年,举世瞩目的北京奥运会的成功举办,极大地激发了亿万人民群众的体育热情,增强了全社会的体育意识,营造了浓厚的全民健身氛围。面对这样的可喜局面,群众体育科研、教学工作者应义不容辞地为社会实践服务,从不同角度思考,如何使普通百姓通过简而易行的身体锻炼方式、方法和手段达到良好的健身效果,达到拥有健康的目标,从而享受生活、享受快乐人生。该书系就是在这样的思想指导下诞生的。

本书系能够顺应国家体育的大政方针,掌握时代脉搏,对指导大众健身,使大众掌握健身方法和手段有很好的促进作用。

本书系图文并茂,实用性强,分为球类运动、体操健身运动、传统武术、冰雪运动、水上运动、体育舞蹈、休闲运动、格斗运动、民间体育活动和极限运动等十大类项目,计100分册,按照统一的体例,力争有所创新。每册的具体内容为该项目的起源与发展、运动保健、基本

目录 CONTENTS

第一章 概述
第一节 起源与发展/002
第二节 场地、器材和装备/004

第二章 运动保健
第一节 自我身体评价/014
第二节 运动价值/018
第三节 运动保护/022

目录 CONTENTS

第三章 基本技术
第一节 技术概述/034
第二节 技术动作/036
第三节 动作练习/045
第四节 趣味比赛/053

第四章 比赛规则
第一节 竞赛规则/082
第二节 竞赛通则/084
第三节 比赛方法/085
第四节 竞赛程序/088
第五节 处罚/089

第一章 概述

　　飞镖运动是一项集竞技、健身和娱乐于一体的绅士运动。其娱乐性强，同时又能在娱乐中休闲健身、缓解眼部疲劳，因此深受人们喜爱。飞镖可以称得上是最佳"办公室运动"，不占空间、不费时间，对缓解久坐产生的肩颈、手腕和视觉疲劳等都很有效果。

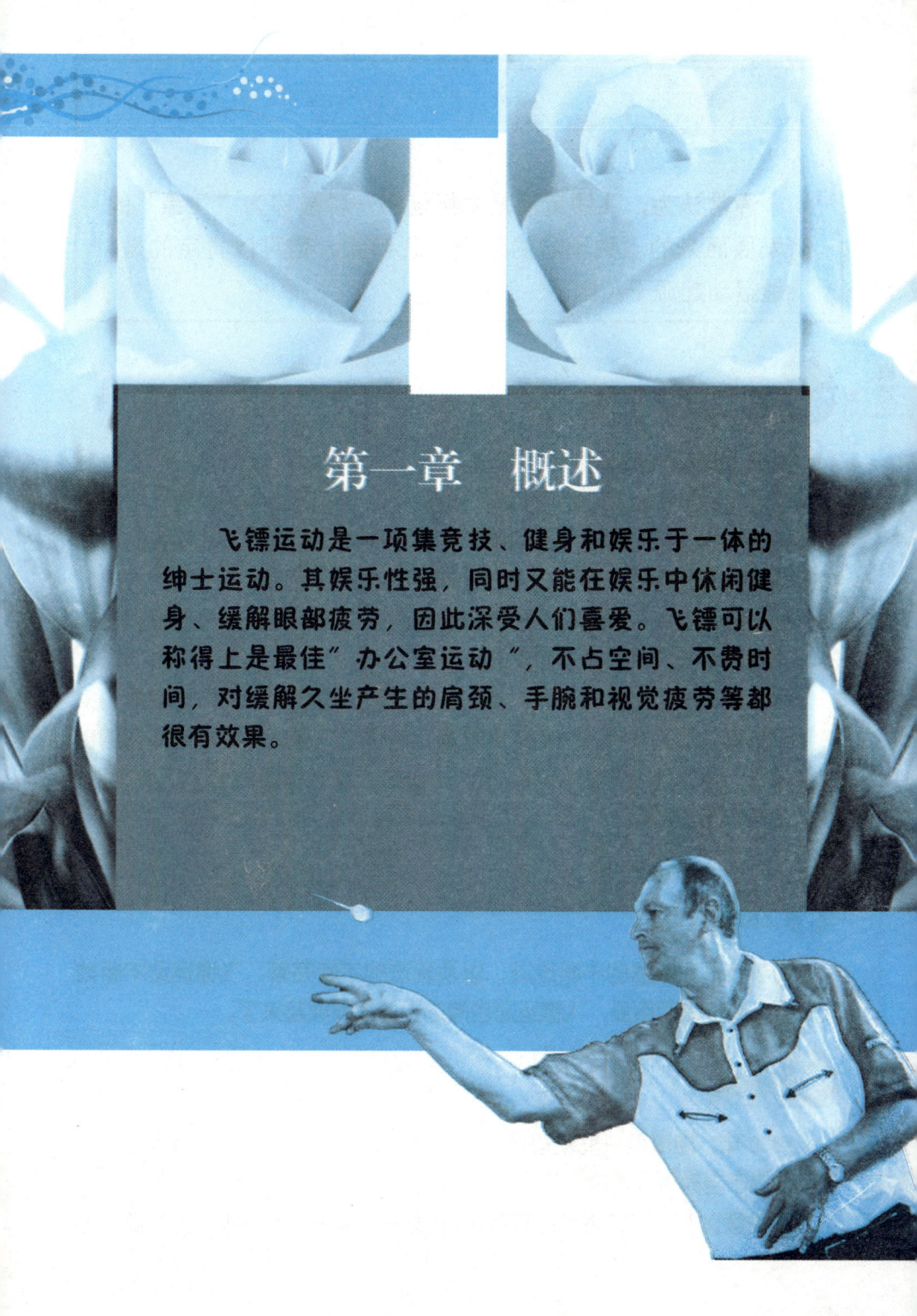

第一节 起源与发展

通常认为,飞镖运动是由标枪和一种被称为"飞镖"的箭发展而来的。关于它的起源众说纷纭,但可以肯定的是,飞镖运动起源于英国。

关于飞镖运动的起源有三种说法:

据记载,古罗马军团的士兵被罗马皇帝派到遥远的不列颠岛,多雨的气候不便于他们长时间在户外活动。于是,他们在板棚中,把箭投向用柞树横切面制成的靶子,由此逐渐发展成现代飞镖运动项目。

另一种说法,飞镖运动是由英国的弓箭手在近距离作战时使用的一种25.4厘米长的投掷武器演变而来的。

第三种说法和具体的历史人物有关。英国国王亨利七世体质较弱,考虑到打猎既危险又辛苦,决定不再打猎,制作了一种短柄标枪向柞树的横切面投掷,以达到健身的目的。不久,王公大臣们也喜爱上了这种运动,后来逐渐流传到民间。

随着飞镖和镖盘的不断改进,以及玩法的不断完善,飞镖运动不断地被更多人所接受和热爱,飞镖运动也随之迅速地发展起来了。

1620年,随着第一批新移民乘坐"五月花"号船抵达美洲新大陆,飞镖运动亦于当时传入美国。

现代意义上的飞镖运动出现在19世纪末,英国人贝利恩·甘林被认为发明了现在的飞镖计分系统。1908年，飞镖被官方提升为技术游戏，逐渐赢得了众多的爱好者，开始在酒吧流行起来。

1924年，最早的全国性组织——全英飞镖协会在英格兰成立，并举办了首届锦标赛。

第二次世界大战以后，飞镖运动获得了巨大的发展。1973年，英国飞镖协会成立。

1974年，欧美一些国家推出电子飞镖，使飞镖运动进入电子时代，推动了群众的参与性。

1975年，美国飞镖组织成立，并举办了首届"美国电脑飞镖公开大赛"，飞镖开始变成一种休闲体育运动。

1976年，澳大利亚飞镖联合会成立，其他众多的全国性组织也在世界各地纷纷诞生。

1977年，加拿大全国飞镖联合会成立。

机构与赛事

机构

世界飞镖联合会（WDF），1972年成立，现有近90个协会会员。中国飞镖协会于2004年成立。

赛事

（1）世界飞镖锦标赛，每年一届；
（2）世界飞镖大奖赛，每年一届；
（3）亚洲飞镖锦标赛，每年一届。

发展趋势

国内趋势

中国飞镖运动的发展历史不长，最早在20世纪80年代初，英国大使馆出面组织了北京在华外国人飞镖联盟，并以团体形式进行比赛。

飞镖是一项雅俗共赏的时尚休闲运动。此项运动简单易学，玩法多样，趣味性浓，技巧和对抗性强，并且不受天气、场地、年龄和性别的限制，是最适合引入家庭和普及推广的全民健身运动项目。经常锻炼，不仅能提高视力，增强身体的灵活协调能力，而且也能使人们更沉着冷静与自信，固此深受人们的喜爱，已成为继台球、保龄球之后世界上第三大流行的休闲运动。

国外趋势

近年来，世界飞镖运动已显露出迅猛发展的势头，各种形式、规模不一的飞镖比赛频繁举行，投身飞镖运动的人数显著增加，其竞技水平也有了本质的提高。飞镖运动易于上手的特点使得越来越多的人参与到其中。作为一种文化和体育的综合载体，飞镖运动非常简单，已成为一项"全天候"的休闲式体育项目。

第二节 场地、器材和装备

飞镖运动属于室内运动，因此在场地、器材和装备等方面都有着特殊的要求。

场地

飞镖运动对场地有严格要求，一般应在室内进行。

规格

镖盘悬挂高度

从内中心圆（50分区）的中心点，到地面的垂直高度为1.73米（见图1-2-1）。

投镖距离

从镖盘正面中心点到地面垂直线顶点至投镖线的正中心点距离为2.37米，这是选手投镖的最短距离。

 投镖线

(1)投镖线应为凸起的金属、木质或塑料质地的规则线或板,其高度不低于0.03米,宽为0.6米以上,与镖盘正面平行;

(2)从内中心圆的中心点,到投镖线正中心点的对角线长为2.93米。

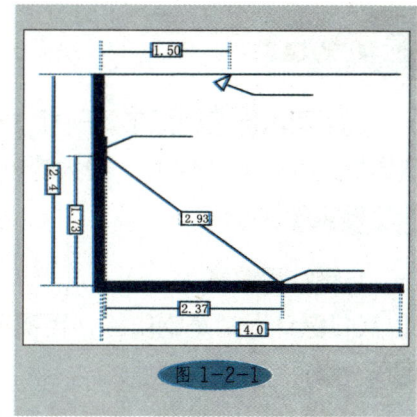

图1-2-1

 各投镖区之间距离

各投镖区之间的距离以两个镖盘对应一侧之间的距离为准,此距离应不少于2米。

设施

投镖区地面下层为一定宽度的木质地板,地板上覆盖地毯或胶皮。

要求

(1)室内高度应不低于2.4米;

(2)投镖区地面应保持清洁平坦、无障碍物;

(3)照明灯光应充足,并聚光在镖盘上,尽可能使镖盘上的飞镖没有阴影,最好采用强度不小于100瓦的聚光射灯;

(4)镖盘背景灯光不能太强,必须均匀,以不超过镖盘亮度为准,使选手在投镖时不受灯光影响;

(5)观众席的亮度不得超过赛场亮度。

 器材

飞镖比赛对器材的要求非常严格,器材包括的种类也较多。

 飞镖

选手可以自己选择不同尺寸、式样、风格和重量的飞镖,在锦标赛中,飞镖最大的重量是50克,最大的长度是12英寸(约30.48厘米)。

构成 见图1-2-2

1. 镖针和镖身

(1)镖针通常是钢质的,与镖身固定在一起;

(2)镖身可以是铜、镍银或钨合金材质;

(3)软式飞镖的镖针是尼龙材质,通过螺丝拧进镖身,可以拆卸。

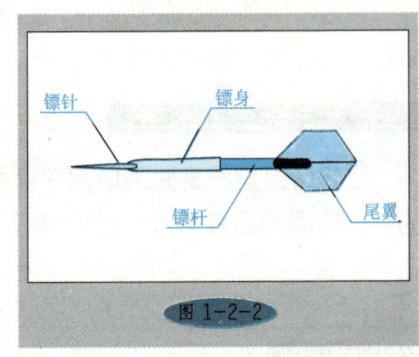

图1-2-2

2. 镖杆

镖杆通过螺丝拧进镖身,通常由耐用的塑料、尼龙或轻金属制成,具有多种式样、颜色和长度。

3. 尾翼

尾翼装在镖杆的顶端,通常用塑料、尼龙、金属或者纤维织物制成,羽毛尾翼也可以。

飞镖选择 见图1-2-3

有很多飞镖的种类可供选择,在购买之前,可以尝试不同的风格。较昂贵的飞镖是由价格不菲的金属,通常是铜制成的。较细的流线型飞镖是由较重的金属,通常是钨合金制成的,在俱乐部和锦标赛选手中最为流行。最常见的飞镖重量是在14~30克,略轻或略重都是可以的。

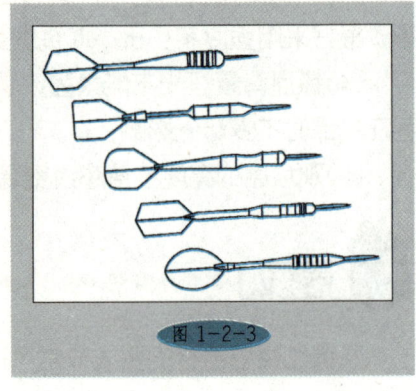

图1-2-3

 镖盘

在国内飞镖比赛中，必须使用由中国飞镖协会指定或认定的、符合国际标准的 20 等分琼麻质地的镖盘。

镖盘种类

（1）木质镖盘。早期的镖盘多是由软木或榆木制成，在欧美一些很讲究的酒吧里，还能够看到木质镖盘；木质镖盘的保养很麻烦，一般每晚都要把它放在水里泡一泡，以防止其干裂变形。

（2）纸质镖盘。纸盘是把纸一圈圈地卷起来，外加铁箍制成。纸盘可以说是最便宜的镖盘之一了。

（3）植绒镖盘。植绒镖盘的主要衬垫材料也是纸，只是在其镖盘植上一层纤维，其特点是经济和美观。

（4）磁性镖盘。镖盘是铁质的，所用的飞镖并没有镖针，顶端是一块磁性很强的平头磁铁，其特点是安全性好，不会伤人或毁坏家具、墙壁。

（5）麻质镖盘。麻质镖盘是现代最流行、质量最好的镖盘，也是各项正规比赛的指定用盘。镖盘是用麻的纤维制成。英国出产的高级麻质镖盘是用非洲（主要是肯尼亚）的剑麻为材料制成的。中国生产的飞镖镖盘的原料多来自海南岛，所以很多人习惯将麻质镖盘称为琼麻盘。麻质镖盘的制作相对其他镖盘更复杂，要用超过 10 吨的压力将纤维挤压成型，然后外圈用铁箍固定。因此，好的麻质镖盘硬度适中，待飞镖从盘上拔出后，小眼会自动闭合，使得其使用寿命远远高于其他种类镖盘。

人们对划分分区的铁丝网的形状和分布进行了不断改造，麻质镖盘又衍生出以下几种类型：

三角盘。这种盘并非指盘的形状，而是指铁丝的形状。一般镖盘的铁丝都是圆形的，三角盘的铁丝则是三角形的。它大大减少了飞镖被铁丝弹出的概率，世界飞镖锦标赛等重大比赛，多使用这种镖盘。

刀盘。这种镖盘是干脆将一片铁片嵌入盘内，盘面没有固定卡子，更是进一步增加了各个分区的面积并减少了飞镖弹出的机会。

练习盘。这种镖盘由英国"NODOR"出产，又名为"迷你红心"或

"冠军的选择"，它的双倍区和三倍区的间距只有 5 毫米，几乎是标准镖盘的一半（标准间距为 8 毫米），双倍红心的面积也只有标准镖盘的一半。称之为练习盘，是因为这并非是正式比赛用盘，而是用于日常练习，许多职业高手的日常练习都使用此种镖盘。

四倍盘。这是英国著名飞镖厂商 HARROWS 独家生产的，其得名是因它在标准镖盘的基础上，又在三倍区和红心之间增加了一圈四倍区。这就是说，玩这种盘，一轮 3 镖的最高得分就不再是 180 分，而是 240 分。在英国的一些比赛中有使用这种镖盘的情况。

现代标准的镖盘：又称为"表盘"，其 20 个分区的划分看似钟表盘，当然它不是按数字大小顺序排列的。国际标准镖盘的直径为 453 毫米，数字圈的直径为 436 毫米，分区网的直径是 335 毫米。镖盘上一般有黑、白、红、绿四种颜色。

目前，市场上（尤其在超市里）常见的镖盘多为纸质和植绒镖盘，它们的价格很便宜，做装饰品很好看，对促进飞镖的普及确实起到了相当大的作用。但如果使用正规的钨合金飞镖并且每天练习的话，它们的寿命应该不会超过一星期。因此，对真正的飞镖爱好者来说，购买这两种镖盘不是经济与否的问题，而是它们根本没有使用价值。我们建议大家选用麻质镖盘，一是正规，二是使用寿命长，其性价比是最好的。

镖盘的保养

正规麻质镖盘的悬挂点在镖盘中心，其数字圈也是可以调整的。在玩过一段时间后，一般为一个星期，应将镖盘旋转一下，不要长期固定打一个分区。有一个错误的说法，就是麻质镖盘要经常用水淋一下，这是错误地沿袭了木质镖盘的保养方法，完全不适用于麻质镖盘。这样做的结果会使镖盘变得很硬，并且最后隆起变成一个"锅盖"。镖针有时扎在铁丝上或磕在地上会产生一些倒刺，一定要把倒刺及时磨掉，防止拔镖时钩出镖盘的纤维。

镖靶的挂置方法

（1）镖靶应垂直于地面固定悬挂在墙上，红心中心距地面的高度为 1.73 米。深色的 20 分区应位于中上方。

（2）投掷距离为沿地面至镖靶平面延长线 2.37 米处，从双倍红心的中心点到投掷线正中心点的对角线长度为 2.93 米。

(3)在安装镖靶前,应在墙上先装一个衬板,然后再把镖盘固定在衬板上。也可将飞镖装在一个木盒里固定在墙上。这就是我们说的,先钻两个窟窿,可防止出现 200 个窟窿。也可用织物或麻绳围在镖盘四周,既起到装饰的作用,又能保护墙壁和家具。我们还见过将废旧的轮胎或救生圈嵌在镖盘外的做法,效果也非常好。

(4)镖盘尽量不要挂在门后和通道附近,防止意外发生。

(5)另外要注意的一点就是,镖盘要求有很好的照明,并尽可能使镖盘上的飞镖没有阴影。

(6)在镖盘的左侧应挂一块记分板。

镖盘分区　见图 1-2-4

1.分值区

镖盘外圈标定分数的本分值区。镖盘 20 分区应在镖盘的正上方(即时钟 12 时的位置),并为黑色,而其他分值区从 20 分开始被交叉分为两种颜色,顺时针为 1 分、18 分、4 分、13 分、6 分、10 分、15 分、2 分、17 分、3 分、19 分、7 分、16 分、8 分、11 分、14 分、9 分、12 分和 5 分。

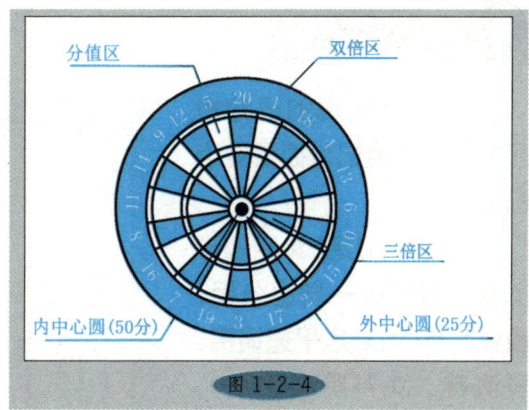

图 1-2-4

2.双倍区

镖盘外圈的狭窄圈环,为各分值区分数的双倍。

3.三倍区

镖盘内圈的狭窄圈环,为各分值区分数的三倍。

4.外中心圆

此区内为 25 分(绿色)。

5.内中心圆

此区内为 50 分,为外中心圆的双倍区(红色)。

(1) 镖盘厚 38 毫米，镖盘直径 453（±3.0）毫米；
(2) 数字圈直径 436 毫米，钢丝直径 2 毫米；
(3) 分隔网圈直径 335 毫米，钢丝直径 1 毫米；
(4) 外中心圆直径 31.8 毫米，内中心圆直径 12.7 毫米；
(5) 双倍区顶弧宽 55 毫米，底弧宽 50 毫米（双倍区、三倍区宽 8 毫米）；
(6) 三倍区顶弧宽 35 毫米，底弧宽 30 毫米；
(7) 上分值区高 55 毫米，下分值区高 80 毫米，分值区底边弧宽 5 毫米。

其他要求

镖盘背板应为木质，并垂直于地面，颜色应为单一深色，且不反光。

记分板/纸

(1) 飞镖比赛的记分板应为白色专用记分板或专用白纸；
(2) 普通比赛或不公开比赛，每组设一块记分板，重要比赛（如高水平邀请赛、表演赛、决赛阶段比赛），须用两块记分板；
(3) 在赛场中，记分板应悬挂或放置在投镖区的左前方或镖盘两侧，与镖盘平行，距离镖盘一边 0.5～1 米（见图 1-2-5）。

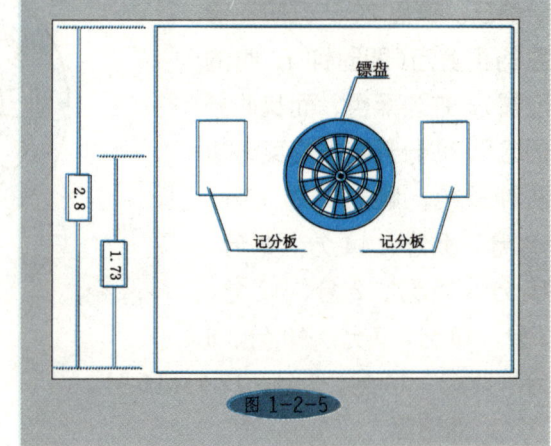

图 1-2-5

飞镖运动具有一定的危险性，因此对装备的要求非常严格。

服装

款式

(1)比赛时上身应着有领上衣,下身穿长裤;
(2)团体比赛,每队队员着装应统一。

要求

(1)严禁穿着背心、短裤、无领衫和拖鞋入场;
(2)未经组织者允许,任何选手不得穿着带有广告材料,标语,公司、产品名称或俱乐部名称的服装。

鞋

提高飞镖水平的一个重要因素就是拥有一双质量较好的鞋。鞋底硬挺的鞋不仅穿着舒适,还有助于保持与地面的摩擦力,减少飞镖投掷过程中的体力损耗,避免因为鞋底过软而造成的不适。

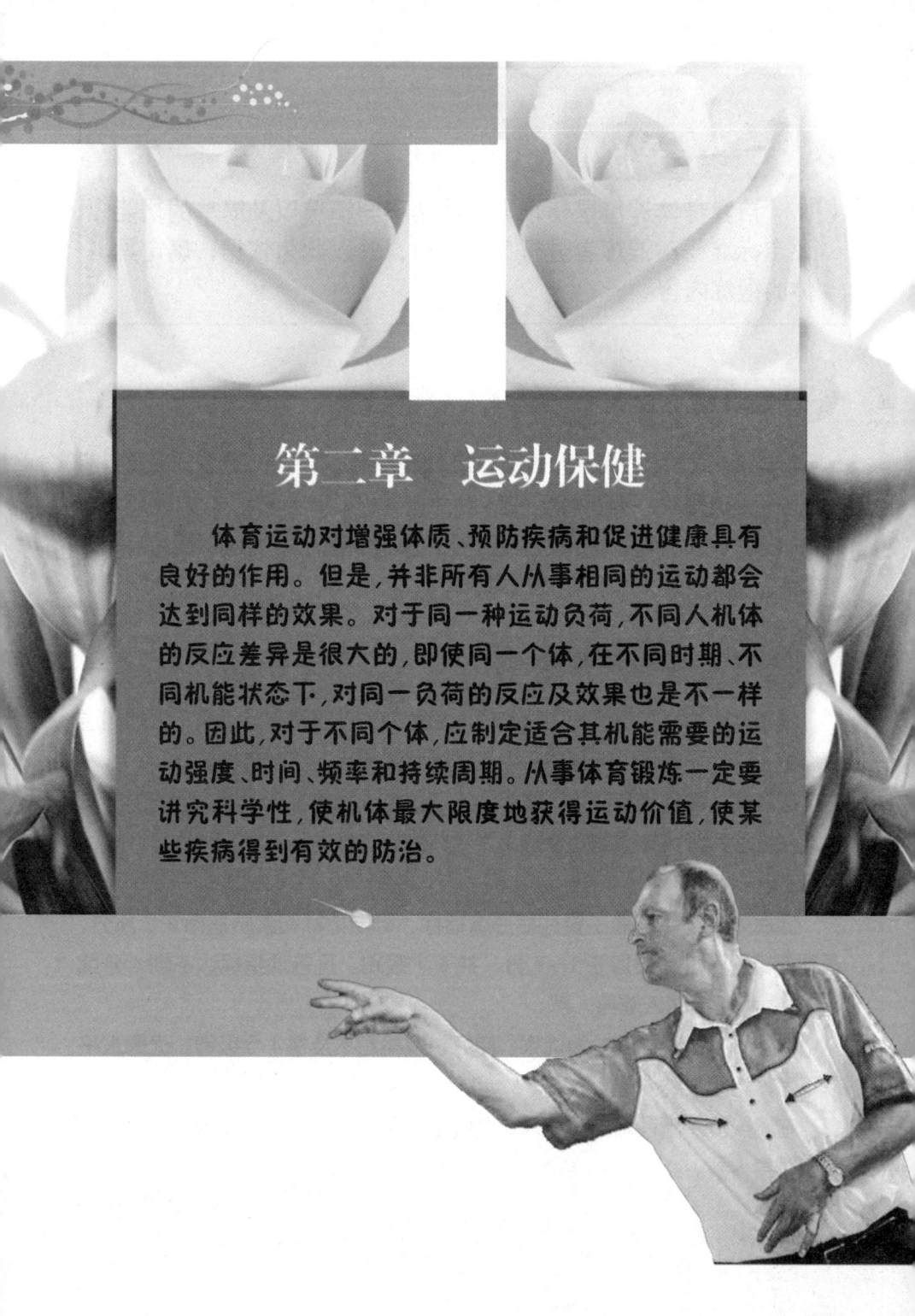

第二章 运动保健

体育运动对增强体质、预防疾病和促进健康具有良好的作用。但是,并非所有人从事相同的运动都会达到同样的效果。对于同一种运动负荷,不同人机体的反应差异是很大的,即使同一个体,在不同时期、不同机能状态下,对同一负荷的反应及效果也是不一样的。因此,对于不同个体,应制定适合其机能需要的运动强度、时间、频率和持续周期。从事体育锻炼一定要讲究科学性,使机体最大限度地获得运动价值,使某些疾病得到有效的防治。

第一节 自我身体评价

自我身体评价是指根据个体的不同情况以及简单的功能评定标准，对锻炼者进行身体评价，并以此为依据，确定具体的锻炼内容。

适宜人群

体适能是全身适应性的一部分，是人体精神和体力对现代生活的适应能力。为了促进健康，预防疾病，提高生活质量和工作学习效率，几乎所有人都可以追求健康的体适能，而且经过简单的评价和测试，均可以成为目标人群，即适宜人群。

健康体适能评价标准

健康体适能是指身体有足够的活力和精力处理日常事务，而不会感到过度疲劳，并且还有足够的精力去享受休闲活动和应对突发事件。

健康体适能是确定锻炼者是否为运动适宜人群的主要依据。目前的评价标准主要包括国民体质测定标准、学生体质测定标准和普通人群体育锻炼标准等。

国民体质测定标准主要包括形态指标、机能指标和素质指标3个部分，各项指标的测定结果均为1~5分，共5个级别。凡各项指标达不到4分或5分者，均应被纳入健身人群。

学生体质测定标准分为优秀、良好、及格和不及格4个级别。优秀水平以下者，均应被纳入健身人群。

普通人群体育锻炼标准分为5个级别，凡达不到4分或5分者，均应被纳入健身人群。

简易运动功能评定

简易运动功能评定的目的在于确定运动对象有无运动禁忌症或临时运动禁忌的情况，即是否适合参加体育锻炼，以达到防备万一，避免意外事故发生的目的。目前通行的方式是3分钟踏台阶测试。

目的

测试锻炼者运动后心率恢复的情况，以评估其心肺功能。

器材 见图2-1-1

30厘米高的长凳、节拍器、秒表和时钟。

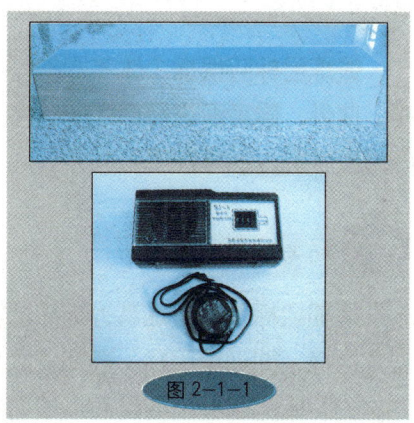

图2-1-1

步骤 见表2-1-1

（1）节拍器设定为每分钟96次，锻炼者依"上上下下"的节拍运动3分钟。

（2）锻炼者完成3分钟踏台阶后，5秒钟内开始测量其脉搏，时间为1分钟，记录其心率，并依据下表评价其功能水平。

（3）运动后心率越低，证明其心肺功能越好。在运动强度允许的范围内，锻炼者可选择运动强度的较高值来进行运动。

表2-1-1　3分钟台阶测试评价表

	年龄(岁)	欠佳(次)	尚可(次)	一般(次)	良好(次)	优异(次)
男士	18~25	>115	105~114	98~104	89~97	<88
	26~35	>117	107~116	98~106	89~97	<88
	36~45	>119	112~118	103~111	95~102	<94
	46~55	>122	116~121	104~115	97~103	<96
	56~65	>119	112~118	102~111	98~101	<97
	65+	>120	114~119	103~113	96~102	<95
女士	18~25	>125	117~124	107~116	98~106	<97
	26~35	>128	119~127	111~118	98~110	<97
	36~45	>128	118~127	110~117	102~109	<101
	46~55	>127	121~126	114~120	103~113	<102
	56~65	>128	118~127	112~117	104~111	<103
	65+	>128	122~127	115~121	101~114	<100

注意事项

如受试者经过努力仍无法完成测试,或出现头晕、胸闷、出冷汗等症状,应终止测试。运动中应特别考虑运动强度,以防出现意外。

锻炼目标应根据个体不同的身体状况来确定,可分为近期目标和远期目标。此外,确定锻炼目标还应结合锻炼者的运动意向、愿望和兴趣以及本人的健康状况、疾病程度等因素。

近期目标是指锻炼者近期应达到的目标。在进行运动之前,应首先明确锻炼目标,即近期目标。选择一两个健康体适能构成要素,作为未来两个月内努力完成的目标,而且应从成功概率较高的构成要素开始,并将预期两个月后要达到的目标做上记号,如提高某个或某些关节的活动幅度,增强某个肌肉群的力量等。

远期目标

远期目标是指锻炼者最终要达到的目标。实践证明,经过科学合理的锻炼后,锻炼者是可以达到一般的远期目标的,如提高心肺功能,使其达到优秀的等级,或达到降血脂、防治高血压和冠心病的目的等。

运动负荷即运动量。怎样控制运动量,合适的运动时间是多少等,一直是人们争论不休的问题。但有一点是可以肯定的,那就是任何有关身体活动的意见和建议,都需要综合考虑锻炼者的身体状况和所要达到的目标,并以此为依据来制订科学的身体锻炼计划。

运动强度

运动过程中,运动强度过小,达不到锻炼的效果;运动强度过大,不仅达不到最佳的锻炼效果,还可能产生一些副作用,甚至出现意外事故。确定运动强度有两种方法。

心率简易推测法

(1)年龄在 20 岁左右的年轻人,身体健康,能坚持体育锻炼,欲进一步提高身体机能,可取最大心率值(最大心率值 =220－年龄)的 65%～85%。

(2)年龄在 45 岁以下,身体基本健康,有运动习惯者,开始进行健身锻炼,可取最大心率值的 65%～80%,没有运动习惯者,开始进行健身锻炼,可取最大心率值的 60%～75%。

(3)年龄在 45 岁以上,身体基本健康,有运动习惯者,开始进行健身锻炼,可取最大心率值的 60%～75%,没有运动习惯者,建议根据自身情况咨询专业人员来指导和确定运动强度。

主观感觉疲劳分级表推测法   见表 2-1-2

运动的疲劳程度大致分为 10 级,具体为:0～1 级,没感觉;2～3 级,尚轻松;4～5 级,稍累;6～7 级,累;8～9 级,很累;10 级,精疲力竭。因此,健身锻炼的运动强度应控制在主观感觉疲劳程度的 4～7 级。

表 2-1-2　主观感觉疲劳分级表

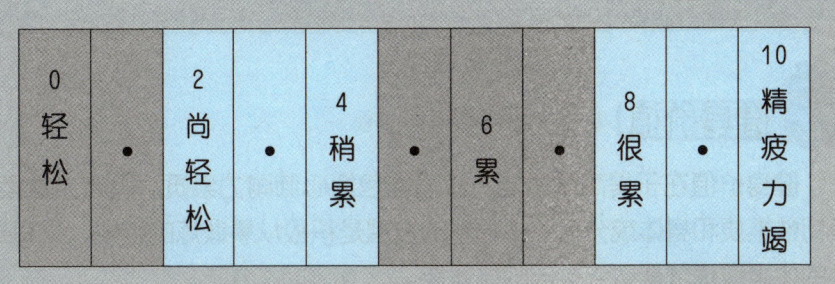

 运动频率

运动频率是指每日及每周锻炼的次数。一般每周锻炼 3～4 次,即隔日锻炼 1 次即可。有充足的休息时间,可使身体得到充分的休息,收到更好的锻炼效果。

 运动持续时间

运动强度和运动持续时间,决定了一次锻炼的运动量和热量消耗。运动持续时间与运动强度成反比,运动强度大,运动持续时间可相应缩短,运动强度小,则运动持续时间应相应延长。

一般的健身锻炼,运动持续时间以每天 20～60 分钟为宜,其中包括准备活动时间、健身锻炼时间和整理活动时间。每次健身锻炼应在 20 分钟以上,锻炼可一次性完成,也可分段进行,但每段的活动时间应在 10 分钟以上。

第二节 运动价值

运动价值一直是人们探讨的问题,一般认为运动具有两方面的价值,即健身价值和心理价值。身体和精神的健康是相互依存的,伴随着身体功能的改善,精神状况逐渐也能同时得到改善。

 健身价值

健身价值在于提高体适能。体适能包括心肺耐力素质、肌肉力量素质、柔韧性素质和身体成分等。体适能的发展是积极从事锻炼的结果,只有规律性的体育锻炼才能达到最佳的体适能。

提高心肺耐力素质

心肺耐力是指全身肌肉进行长时间运动的持久能力，是体内心肺系统对身体各细胞的供氧能力。人体的心脏、肺、血管、血液等组织的功能是心肺耐力的基础，它们与氧气和营养物质的输送以及代谢物的清除有关。健全的心肺功能是健康的基本保证。

系统的体育锻炼，可以使心肌增厚，收缩力加强，心室容积增大，从而使心脏的泵血功能增强，表现为心血输出量增加。

系统的体育锻炼，呼吸系统机能也将得到提高，表现为呼吸肌的力量增强，肺活量、肺通气量明显增加，保证对机体供氧的能力。

系统的体育锻炼，可以促进血管系统的形态、机能和调节能力产生良好的适应力，从而提高机体的工作能力。

系统的体育锻炼，可以使血液系统产生某些适应性变化，如血容量增加、血黏度下降、红细胞膜弹性增强和红细胞变形能力增强等。

运动价值

 ## 提高肌肉力量素质

肌肉力量是指肌肉最大收缩产生的对抗阻力或负荷的能力。肌肉力量只有达到一定的程度，才能克服外界阻力，而克服外界阻力是维持日常生活自理、从事各种劳动和运动的必要前提。

系统的体育锻炼，可以提高肌肉的生理横断面积，可以改善神经系统对肌肉收缩的支配功能，还可以提高肌肉内代谢物质的储备量，使肌肉力量得到提高。

 ## 提高柔韧性素质

柔韧性是指人体各关节的活动幅度，即关节的肌肉、肌腱和韧带等软组织的伸展能力。柔韧性对于保证正常生活质量、维持正常体态、预防损伤发生和减轻损伤程度等方面均起到至关重要的作用。

系统的体育锻炼，还可以延缓因年龄因素而导致的柔韧性下降，预防因缺乏运动而导致的关节结构、周围软组织和膝关节肌肉退化，从而使锻炼者的日常生活、劳动和运动等更加充满活力。

改善身体成分

身体成分是指人体体重中的脂肪组织和去脂组织的重量百分比。身体成分中的脂肪成分增加，肌肉成分必然下降。身体中不具备收缩功能的脂肪组织增加，必然导致身体进行各种活动的能力下降，基础代谢水平降低，肥胖症、冠心病、高血压、糖尿病、高血脂等慢性疾病发病率的提高。因此，身体成分是保证人体健康的重要内容之一。

通过系统的体育锻炼，随着锻炼者体质的增强，热量消耗便随之增加，进而燃烧掉体内多余的脂肪，使身体成分得到改善。而身体成分的改善，又可以减少体重对关节可能带来的不利影响，还可以使肥胖者的心理状况得到改善，增强其自信心，使其逐步建立起健康的生活方式。

心理价值

研究证明，有规律的体育锻炼不但可以使锻炼者增强体质、促进身体健康、预防一些慢性疾病，还可以提高锻炼者的生活满意度和生活质量，对其心理健康产生积极影响。

体育锻炼的心理健康效应主要表现在六个方面：

改善情绪状态

短期效应

研究发现，体育锻炼对人的情绪状态具有显著的短期效应。运动后人们的焦虑、抑郁、紧张和心理紊乱等症状会明显减轻，而精力和愉快程度则会明显增强。而且这种情绪的迅速变化，与锻炼者个体的健康状况、活动形式和活动强度等有着直接的联系。

长期效应

体育锻炼对人情绪的长期效应有着直接的影响，与不锻炼者相比，有规律的锻炼者在较长时期内很少会产生焦虑、抑郁、紧张和心理紊乱等情绪。

完善个性行为特征 见表 2-2-1

人们的行为特征一般可以分为两种类型,用 A 型行为特征和 B 型行为特征来表示。A 型行为特征主要表现为性情急躁、争强好胜、容易激动、整天忙碌和做事效率高等。B 型行为特征主要表现为不好竞争、不易紧张、不赶时间、对人随和、喜欢自由自在等。具有 A 型行为特征的人由于过度紧张的情绪反应,会引起内分泌失调,增加心脏病发病的概率。目前的一些研究主要集中在体育锻炼对改变 A 型行为特征的作用方面。研究结果表明,有规律的体育锻炼能明显改变 A 型行为特征。

 A、B 型个性行为特征常见表现

A 型行为特征者常见表现	B 型行为特征者常见表现
约会从来不迟到	对约会很随便
竞争意识很强	竞争意识不强
别人要讲话时总爱抢先或插话	是别人讲话时很好的听众
总是匆匆忙忙	即使有压力也从不匆忙
等待时缺乏耐心	能够耐心等待
干事时全力以赴	处事漫不经心
同时想干很多事	在一段时间里只干一件事情
讲话喜欢用加强语气,甚至敲桌子	讲话语速缓慢、不慌不忙
做了好事希望能得到别人的认可	只要自己满意即可,不管别人怎样想
吃饭、走路都很快	做事情很慢
不善与人相处	为人随和
容易暴露自己的感情	能控制自己的感情
具有广泛的兴趣	没什么业余爱好
雄心壮志	满足于目前的工作和学习状况

 确立良好自我概念

自我概念是指个体对自己身体、思想和情感的主观整体评价,它由许多自我认识组成,包括我是什么人、我主张什么和我喜欢什么等。

坚持体育锻炼,可以使锻炼者体格强健、精力充沛、提高驾驭身体的能力,从而改善对自身的满意程度,确立良好的自我概念。

改变睡眠模式

根据脑电图的显示,人的睡眠可以分为两种状态,即慢波睡眠状态和快波睡眠状态。前者为浅度睡眠状态,后者为深度睡眠状态。一夜之间两种睡眠状态会交替发生4~5次。

有规律的体育锻炼不仅对慢波睡眠有促进作用,而且能缩短入眠的潜伏期,并延长睡眠的时间。

改善认知能力

体育锻炼还能改善人的认知过程,避免反应时间过长、注意力不集中和思维混乱等症状的发生,尤其对老年人的认知能力改善效果更为明显。

增加心理治疗效应

体育锻炼被公认为是一种心理治疗的好方法。目前人群中常见的心理疾患是抑郁症和焦虑症。研究发现,体育锻炼是治疗抑郁症的有效手段之一,抑郁症患者经过有规律的体育锻炼,抑郁症状能明显减轻。

体育锻炼还具有治疗焦虑症的作用,通过有规律的体育锻炼,可以使锻炼者的焦虑症状明显改善。

第三节 运动保护

在运动过程中,人体机能会随时发生变化。因此,应针对这种机能变化的特点来进行体育锻炼,也就是我们所说的运动保护。运动保护一般包括运动前准备、运动后放松和自我养护三个方面。

运动前准备

准备活动是指在正式运动之前进行的有目的的身体练习。做好充分的准备活动，可以缩短机体进入最佳状态的时间，同时还可以预防运动损伤的发生，为机体发挥最大的工作效率做好功能上的准备。

准备活动的作用

提高中枢神经系统兴奋状态

（1）使大脑反应速度加快，参加活动的运动中枢神经相互协调。

（2）为正式运动时生理机能达到适宜程度提前做好准备。

提高机体代谢水平

（1）准备活动可以使锻炼者体温升高，降低肌肉黏滞性，使肌肉的伸展性、柔韧性和弹性增强，从而有效预防运动损伤的发生。

（2）准备活动可以增强体内代谢酶的活性，使物质代谢水平提高，以保证运动时有较充分的能量供应。

克服内脏器官生理惰性

（1）准备活动可以提高心血管系统和呼吸系统的机能水平，使肺通气量及心血输出量增加。

（2）可以使心肌和骨骼肌的毛细血管扩张，使其工作肌获得更多的氧，从而克服内脏器官的生理惰性，使之尽快达到最佳状态。

增加皮肤毛细血管的血流量

准备活动可以使皮肤毛细血管的血流量增加，运动后毛细血管扩张，有利于散热，降低体温，有效防止开始正式活动时由于体温过高而影响运动能力。

准备活动要求

准备活动时间

（1）准备活动的时间可以根据运动项目的具体情况确定，一般以10～30分钟为宜。

（2）准备活动与正式运动的间隔时间，一般以不超过15分钟为宜，可以在做完准备活动后立刻进行正式运动。

准备活动强度

(1)准备活动的强度和量应较正式运动小,以免引起不必要的疲劳。
(2)准备活动的量可以由心率来决定,心率以100~120次/分为宜。

准备活动内容

一般性准备活动

一般性准备活动的内容多以伸展运动开始,然后进行一般性的跑步、徒手体操等活动。

下面介绍一套常用的一般性准备活动操,供锻炼者运动前使用。这套活动操主要包括头部运动、肩部运动、扩胸运动、体侧运动、体转运动、髋部运动和踢腿运动等。

头部运动

头部运动的动作方法(见图2-3-1):两手叉腰,两脚左右开立,做头部向前、向后、向左、向右,以及绕环运动。

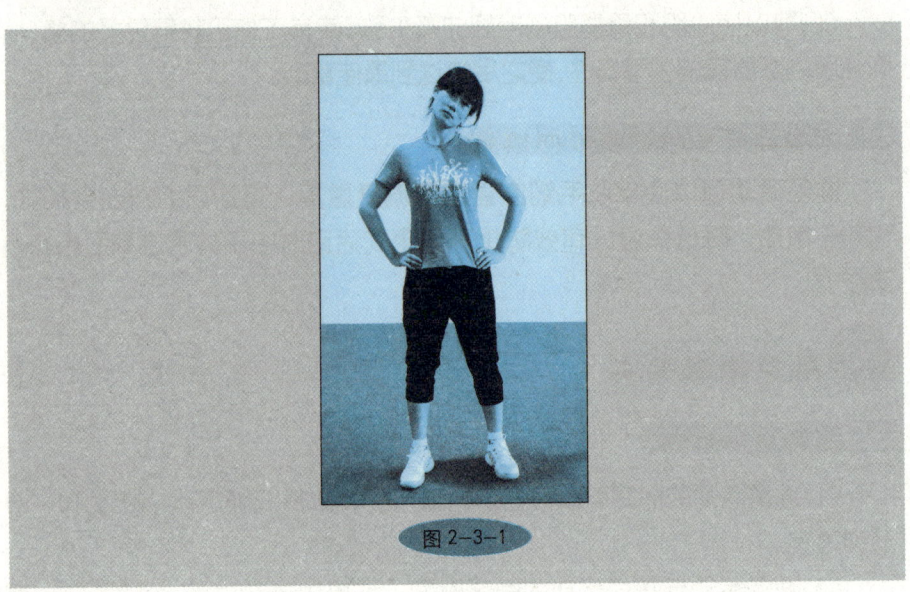

图2-3-1

肩部运动

肩部运动的动作方法(见图 2-3-2)：手扶肩部，屈臂向前、向后绕环，以及直臂绕环。

扩胸运动

扩胸运动的动作方法(见图 2-3-3)：屈臂向后振动及直臂向后振动。

体侧运动

体侧运动的动作方法(见图 2-3-4)：两脚左右开立，一手叉腰，另一臂上举，并随上体向对侧振动。

体转运动

体转运动的动作方法(见图 2-3-5)：两脚左右开立，两臂体前屈，身体向左、向右有节奏地扭转。

髋部运动

髋部运动的动作方法(见图 2-3-6)：两脚左右开立，两手叉腰，髋关节放松，向左、向右360度旋转。

图 2-3-2

图 2-3-3

踢腿运动

踢腿运动的动作方法(见图 2-3-7)：两臂上举后振，同时一腿向后半步，重心置于前腿，两臂下摆后振，同时向前上方踢腿。

图 2-3-4

图 2-3-5

图 2-3-6

图 2-3-7

专门性准备活动

专门性准备活动的动作方法、节奏和强度等与正式锻炼相似，目的是使人体主要肌群在运动前得到动员，为正式锻炼做好准备。

运动后放松是指运动之后所进行的一些能够加速机体功能恢复的、较轻松的身体活动。与运动前准备活动相反，其目的是使锻炼者的生理机能水平逐步得到恢复。

运动性手段

（1）运动结束后，锻炼者可采用变换运动部位的方法来消除疲劳，如上肢出现疲劳时可做一些慢跑运动，下肢出现疲劳时可做一些上肢运动。

（2）转换运动类型也是一种不错的放松方法，如打羽毛球出现疲劳时，可从事瑜伽运动来达到放松的目的。

（3）还可以用调整运动强度的方法来缓解疲劳，如可以在放松过程中，采用小强度的轻微运动方法等。

整理活动　见图2-3-8

（1）整理活动是指运动后所做的一些能够加速机体功能恢复的身体活动，如剧烈运动后进行3～5分钟慢跑或其他整理活动，使身体机能得以恢复。

（2）剧烈运动后如不做整理活动而骤然停止动作，会影响氧气的补充和静脉血的回流，使机体血压降低，引起不良反应。

图 2-3-8

 注意事项

（1）在进行整理活动时动作应缓慢、放松，运动量不要过大，否则会引起新的疲劳。

（2）在进行整理活动时，应当保持心情舒畅、精神愉快。

 自我养护

锻炼后，锻炼者感觉身体疲劳是一种正常的生理现象，是体育锻炼过程中的正常反应，随着体育锻炼时间的延长，疲劳症状会自然消失。运动性疲劳出现后，锻炼者如果采用一些自我养护措施，可以加速身体机能的恢复，尽快消除疲劳，提高锻炼效果。常见的自我养护方法主要包括运动后休息、合理营养和物理手段等三种。

 运动后休息

静止性休息　见图 2-3-9

（1）静止性休息是指锻炼者运动后保持机体相对的静止状态，以促进身体机能的恢复，尽快消除疲劳。

(2)静止性休息的最佳方式之一是睡眠,特别是刚开始从事锻炼者,身体不适应或疲劳症状明显时,更应该保证足够的睡眠,否则,锻炼者虽然积极参加了体育锻炼,但收效甚微,甚至会导致过度疲劳症状的发生。

(3)静止性休息更适合于消除全身运动导致的整体疲劳症状。

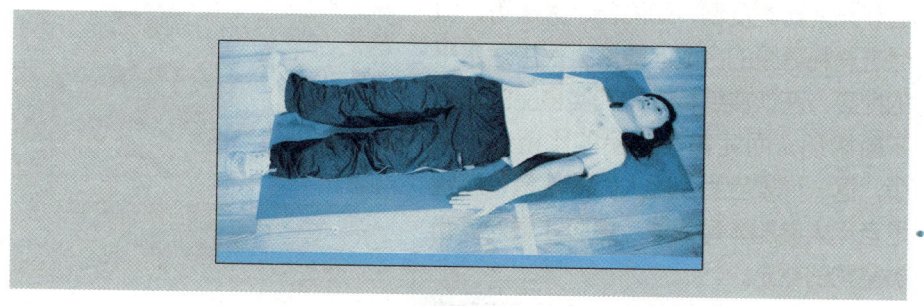

图 2-3-9

积极性休息 见图 2-3-10

(1)积极性休息更适合由于少量肌肉群参与工作而导致的局部疲劳,或运动强度较大而导致的快速疲劳。

(2)积极性休息可以加速血液循环,有利于代谢物排出体外,对促进身体机能的恢复具有明显的效果。

图 2-3-10

合理营养 见图2-3-11

小强度、长时间的运动形式，主要是靠糖原的有氧代谢提供能量。运动后应及时补充淀粉类食物，如面粉、大米等，以促进消耗糖原的合成。随着人民生活水平的提高，在饮食结构中，肉类食品的比重不断增加，而淀粉类食品的比重逐渐减少，这一现象应当引起人们的注意，特别是老年人参加体育锻炼，更应注意对淀粉类食物的补充。

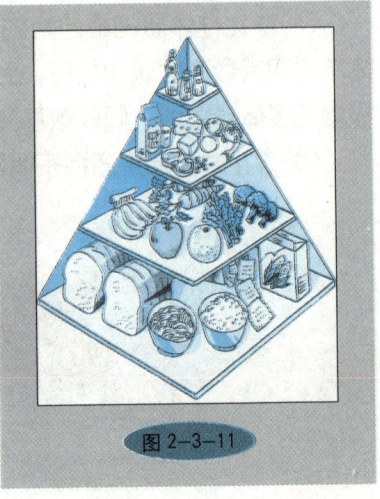

图2-3-11

强度较大、时间又相对较长的运动形式，主要是靠糖原的无氧代谢提供能量。这样，糖原无氧代谢产物——乳酸便会在体内大量堆积。因此，运动后应多补充蔬菜、水果等碱性食品，以加速乳酸的清除，达到尽快消除疲劳的目的。

物理手段

按摩及牵拉 见图2-3-12

（1）通过刺激神经末梢、皮肤结缔组织和毛细血管的按摩方法，可以使紧张的肌肉得以放松，从而改善局部组织和全身的血液循环，达到促进身体机能恢复的目的，这种方法可以在锻炼后马上进行。

（2）此外，还可以采取缓慢牵拉肌肉的方法，使收缩的肌肉得到充分的伸展放松。

水疗及电疗

（1）水疗包括芬兰式蒸汽浴、热水浴和桑拿浴等多种形式，主要作用是通过提高体温，促进血液循环，清除代谢物，以达到尽快消除疲劳、恢复体力的目的。

（2）水疗的时间一般以不超过30分钟为宜，如果时间过长，会进一步消耗体力，严重时甚至会出现暂时性脑缺血现象。

（3）如果条件允许，还可对疲劳的肌肉进行低频治疗。低频治疗仪的原理是模拟针灸疗法，使用时将电极用不干胶对称地粘贴在运动部位表皮上。这种疗法可以促进局部血液循环，改善组织代谢，缓解肌肉酸痛，消除疲劳。

图 2-3-12

第三章 基本技术

飞镖的基本技术由握镖、站立姿势和投镖三个基本技术动作构成。飞镖运动技术水平也像其他体育运动一样都需要身体动作和手、眼协调。飞镖练习注重投掷技巧,力求使身体姿势优美平衡,持镖与出镖方式正确,手臂和手腕的动作协调,击靶的技术搭配合理及注意力集中,也就是提高心、眼、手、脑协调配合的能力。

第一节 技术概述

飞镖技术有其技术特点、基本结构、技能形成的阶段性规律和技术动作程序。

飞镖运动技术特点

飞镖运动技术不仅具有一般运动技术的特点，而且还有其自身固有的特点，主要表现在以下六个方面：

（1）相对性。随着镖手不断地训练、竞赛实践和科学技术的不断发展，飞镖运动技术也在不断发展。

（2）整体性。飞镖运动技术是由多个动作环节组合而成，不仅与镖手个人能力相关，还与镖的重量、形状和重心的位置以及环境变化相关，任何一个因素都可能对整体技术水平发挥产生影响。

（3）个体性。本书传授的运动技术是一种理想化的技术动作模式，对于单个镖手来说并非最合理最有效的，只有以群体运动技术模式为依据，结合每个镖手的个体差异调整后确定的个体运动技术模式才是最合理有效的；

（4）时空性。飞镖运动技术的实施是镖手在一定时间和空间里完成的，它的时空性表现为击发技术动作时间段和重复性强的特点，并具有一个相对静止的时空特点。

（5）操作性。飞镖运动是一项注重动作细节的肢体活动，既需要通过大脑操作人体完成相应稳定动作，又要操作飞镖完成最好的击发过程，是人镖合一的操作技术，因而对操作的精确性要求很高。

（6）目的性。飞镖运动目的非常明确，一般集中在靶的双倍区、三倍区和红心上。

飞镖运动技术的基本结构

飞镖运动技术由镖手的技术基础、技术环节和技术细节三个不同层次的技术结构构成。

技术基础

飞镖的技术基础是按一定顺序和节奏组合而成的技术结构，可以分为握镖、站立姿势和投镖这三个主要技术环节。

技术环节

技术环节是组成飞镖运动技术基础的各个独立的技术结构，它包括握镖、站立姿势、准备动作、送镖和顺势动作这五个部分。

技术细节

（1）技术细节是组成技术环节的细微技术动作结构，也就是各个环节技术动作的具体动作要点，如在镖手的发力过程中，手指对镖从"结束期"至"半结束期"的细微变化，就属于技术细节；

（2）镖手个体之间在飞镖技术基础和技术环节上基本是一致的，不同选手之间的差异主要表现在技术细节上，改进技术也就是要在技术细节上下工夫。

飞镖运动技能形成的阶段性规律

飞镖动作技能的形成与其他运动动作技能一样，主要分为以下几个阶段，各阶段有其不同的训练任务：

（1）泛化阶段。这是第一阶段，任务是初步建立飞镖动作表象，学习和掌握运动技术，逐渐形成运动技能。

（2）分化阶段。这是第二阶段，任务是提高和完善击发动作技能，消除多余动作和肌肉紧张。

（3）巩固和提高阶段。这是第三阶段，任务是熟练和逐步形成击发动作的动力定型，着重技术细节的改进，确立自身的技术特点和技术风格。

（4）技巧灵活运用阶段。这是第四阶段，任务是提高在可变条件下表现出动作技术的能力，全面提高整体的协调能力和在比赛中的应变能力。

飞镖运动技术动作程序

准备姿势——呼吸（3～6秒）——握镖——粗瞄准——稳定——屏息——精瞄准（2～3秒）——投镖——自由落体——保持——重复。

第二节 技术动作

技术动作是由握镖的手部姿势、站立姿势和投镖动作三个重要环节组成的。

握镖

握镖的手部姿势即握镖方法，主要有两指法、三指法（基本握镖法）、五指法和毛笔式握法。

手部姿势

动作方法 见图3-2-1

（1）毛笔式握法。拇指和食指围成圈并圈住镖身，中指搭放在镖身的一侧，无名指放在镖身的下方作为使镖平衡的支点。

（2）三指法同样是比较常用的握法，被称为"基本握镖法"：用大拇指和食

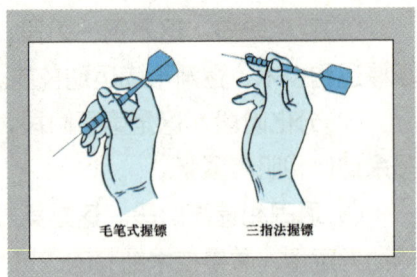

毛笔式握镖　　三指法握镖

指、中指三个手指握住金属杆，大拇指在一侧，食指、中指在另一侧，协调用力夹住金属杆。

（3）除上述两种握镖方法以外，两指法和五指法也是比较常见的握法。

（4）世界著名镖手有许多特别的握镖方法（握镖与镖身的形状有关系），这些颇具特色的握镖方法能够适应不同的镖手。

图 3-2-1

①铅笔式（菲尔·泰勒）。菲尔使用握铅笔的姿势来握镖。这种姿势只要能保证镖针朝前就不会侧歪。铅笔式握镖是基本式握镖之外的第二种常用的姿势。它通常需要细的圆柱形镖身（见图 3-2-2）。

②手掌张开（丹尼斯·普利斯利）。著名选手丹尼斯习惯把手指保持几乎竖直的形状，仅用拇指来保持稳定。在投镖过程中，他的手掌略有闭合，他是目前世界高水平选手中手掌张得最开的选手。这种握镖式看起来很松，一个优点是能准确地释放，但也很容易在加速时失去控制。丹尼斯的此种握镖方法的弊端之一是不容易保持稳定。一般的选手试用这种姿势时，很难保持平衡并且易打中镖盘。手掌张开的握镖姿势是很极端的另类握镖。丹尼斯使用的是粗一些的滴形飞镖（见图 3-2-3）。

小指展开（罗德·哈灵顿）。罗德使用又长又细的镖身。随着飞镖的标准和准确度的提高，这种镖身得到越来越广泛的应用。此种握镖方式是基本式握镖，小指竖着展开，其他手指接触镖身。对于很多飞镖爱好者来说，这种握镖式比较合适，并且很多选手已经在使用跟他相似的姿势，以及相似形状的镖身（见图3-2-4）。

握飞镖的前端（鲍伯·安德森）。鲍伯的握镖点在镖的重心前面，镖针的后面一点。这是不同寻常的握法，此种握法的弊端同样是难以控制镖的重心和稳定性差。鲍伯在掷镖时，如同在"牵引"它前进。他的投掷比许多选手要快，有很多手腕动作。他使用的这种铅笔式握镖的变形，很适合他的另类技术。他用的是相当长的圆柱形镖身。我们一般不提倡这种握镖方式，不过对于掷镖速度很快的选手来说，也许比较合适（见图3-2-5）。

图3-2-4

图3-2-5

技术要点

选手们采取何种姿势投镖应遵照区别对待原则，要考虑手形等生理因素以及个人习惯等个人因素来选择合适的手部握镖姿势。特别需要注意的是，持镖时不宜过于用力于镖身，只要保证手中的镖不轻易脱落即可，具体方法是：

（1）在握镖之前，先确定镖的重心位置，使镖的重心点在拇指和食指的握镖处与中指之间略接近拇指和食指的位置上（三指间略靠近身体处），这对将手指的做功准确、均匀地贯彻在镖的整体上十分有利，能够保证镖在"自由飞行"过程中的平稳性。

（2）握镖一定要使镖针略朝上，稳定但不紧张。握镖时只要飞镖不滑动既可，但要保证在加速过程中能很好地控制飞镖。如果指尖因压力过大而发白，或者镖身上的纹路已印到指尖上，就是过分紧张了。

（3）可能对不同的镖身来说，有些握镖法不好用。这样，就不但要找到适合自己的握镖法，而且要找到适合自己的镖身形状，二者是互相影响的。

错误纠正

（1）用四个手指握镖时，小指习惯地圈过飞镖接触到手掌（就像握拳时一样）。因此，选手应注意将注意力集中在靶子上的时候，手握镖不要过紧，防止原本握镖的手指逐渐收缩最后握成拳，握镖的关键是放松手部肌肉，握镖的手指可以伸开或保持与其他手指一样的位置；

（2）握拳会使手指过分紧张，释放时比较困难而且还会增大"踢"镖的可能。因此，应注意动作防止"踢"镖；

站立姿势

正确掌握握镖姿势以后，下一步任务就是建立正确的站立姿势，即在投镖线或投掷板前站立的姿势。脚的位置和脚与盘面的对应关系是站立姿势的两大因素。站立姿势是准确投镖的关键，我们提倡最自然的投镖动作，保持舒适、稳定和平衡的站立姿势，舒适是指镖手站立时要自然，全身放松；稳定是指站立时重心要稳定，身体不摇晃，投镖时身体不随手臂运动而摆动；平衡是要求身体各个部位协调。建立正确的站立姿势需要一个长期的过程：从初学者能感到舒适的一脚在前的姿势，到普遍采用的脚尖平行或呈直角的姿势，再到找到最科学和最舒服姿势的折中点，飞镖运动项目的乐趣也正在于此。

站立姿势确定的原则：理论上讲，最佳的站姿是肩与飞镖盘呈90度角，双脚连线与投掷线的角度也同样呈90度，但是这会让投镖者的身体产生不舒适感，因此形成了上述三种不同的站立姿势。此外选手站立姿势的确立还应考虑舒适性原则和个体差异性原则。不管采取何种站立姿势，每位练习者都应找到一个适合自己的最佳姿势并保持相当一段时间的静止。此外站立时还应注意身体与镖盘的关系：直接站立在镖盘的前方，使投镖手臂直接对准牛眼，在连续投镖时不能经常移动，除非当瞄准不同的数字时或者当镖盘上的另一支镖挡住了视线时，才可以进行左右的小幅度移动。

动作方法 见图3-2-6

站立姿势的重点在于确定双脚的位置，站立姿势包括以下三种：

（1）第一种站立姿势最适合初学者，以右手的练习者为例，站立时右脚在前，左脚旋转一个角度，身体右半部分对着镖盘，确保自身站立舒适；

（2）第二种站立姿势为脚尖平行或呈直角，两脚脚尖面向投掷线约呈45度，此种站立姿势也是使用最为普遍的姿势；

（3）第三种站立姿势是身体直立，脚尖向前，双脚靠拢，脚尖与投掷线呈直角。

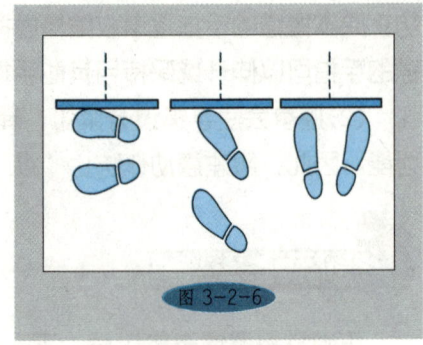

图 3-2-6

技术要点

站立姿势技术要点除确定脚的位置，即选择适合自身生理状况的基本站立姿势外，还需注意以下要点：

（1）肩部角度。尽可能接近理想的 90 度，但也不应因此而完全牺牲掷镖的舒适性，合适的角度大约在 50～80 度之间。

（2）脚的角度。应当与肩部角度一致，否则就会摔在地上。

（3）平衡。在掷镖中的每一点，都必须保持完善的平衡。这对初学者来说是很难处理的，常常迫使他们采取较小的角度，不能前倾很多。身体的平衡由脚控制，绝不要在掷镖时抬起它，更不要在掷镖时"跳"起来，平衡脚只需脚尖触地即可。

（4）体重分配。将体重主要落在前脚（支撑脚）上，而后脚（平衡脚）只是为了平衡站姿。无论体重怎样分配，站姿都必须稳如磐石。前脚不能跳起来，它必须平稳地支撑在地板上。

（5）前倾。前倾越多，离飞镖盘就越近（这就是前倾的原因），但同时掷镖也就越困难、越不稳定。前倾过多，背部会很不舒服。为保证健康，请谨慎地使用前倾。

（6）躯干。应当保证身体在掷镖时不会移动，使肩关节固定，不要弯腰，保持脊椎伸直。身体要紧绷，但手臂应放松。

（7）直线。站姿的另一个要素是与镖盘的对应关系。直接面对镖盘，投掷手臂与镖盘的中心呈一条直线，当选取不同分数的目标或镖盘的飞镖影响视线时，略向左或右移动，飞镖好手在连续投掷时很少移动。

（8）建议。站在投掷线之前时从下到上审视自己的站姿：双脚的角度、体重在两只脚上的分配、躯干是否自然、前倾的角度、肩部角度、平衡保持状况，使这一切都达到合适的位置。

错误纠正

（1）没有按照标准姿势站立。因此，应注意不要忽视站姿和基本动作的重要性。

（2）很多没有受过正规训练的爱好者选择从正面站姿开始的错误动作。因此，应注意不要因此导致一系列其他的错误技术动作。

投镖可分为三个基本步骤，即预备、送镖和顺势动作。这三个连贯动作类似于篮球的投篮动作，动作要求做到流畅、舒展、协调。

动作方法　见图 3-2-7

镖保持在面部之前，肘臂基本保持同样的高度，肘关节是整个动作的固定的支点。

技术要点

全身放松并建立正确的准备姿势，包括调整姿势、瞄准目标（抬肘，上臂与地面平行），从面前引镖向后准备投出。

错误纠正

手臂紧张。因此，应注意锻炼稳定的身体姿势。

图 3-2-7

送镖

送镖是指向镖盘上的目标区域投镖。送镖时前臂发力，向前摆动，手指松开，将飞镖送出。

动作方法 见图3-2-8

(1) 保持正确的站立姿势后，投镖时身体其他部位应平稳，用小臂带动手腕和手，将镖投出；

(2) 在投镖瞬间手部动作保持平直，出镖后自然下垂；

(3) 注意在投镖过程中，手部不应向左右偏移，并保持连贯性（投镖过程中，持镖手以肘部为支撑点）；

(4) 飞镖有三种运行路线，分别为大弧线、小弧线和下弧线，其中小弧线为正确的飞行路线。

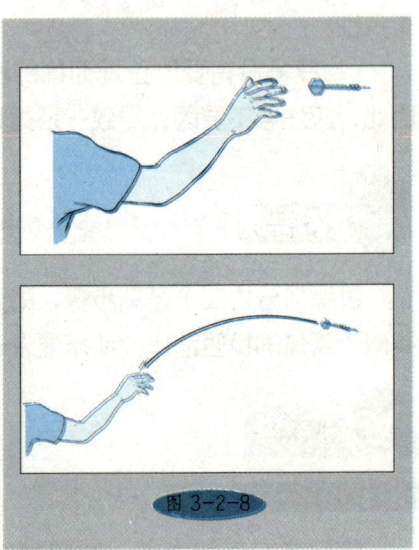

图3-2-8

技术要点

(1) 投掷动作通过前臂渐进、流畅的运动实现，完成动作时前臂直接向镖盘伸展，同时伴随手腕的轻微向前运动；

(2) 优秀的选手送镖动作轻盈，镖飞行时会划出一道细长优美的弧线，完美的送镖会展现出不同一般的连贯力量；

(3) 送镖时应该保持身体稳定，上臂与前臂要协调；

(4) 讲究稳定性和手法定型，不仅仅是整个身体和手臂的稳定，还要保持投镖时动作的稳定，即动作定型，使每一次投镖基本能够沿着同样的线路击中同一目标。

错误纠正

(1) 两指握镖。物理学原理证明，三点才能保证稳定。因此，至少要三根手指握飞镖，若多用手指，在加速时能控制得更好，但在释放时会困难一些。

(2)上臂发力，以上臂带动前臂投出飞镖。这种用力方式会导致上臂与前臂不够协调，投出去的镖不能保持同样线路，因而不能保持准确率。因此，应注意用小臂带动手腕和手来投镖。

(3)没有保持身体稳定。如果投标时身体随着手臂的运动而晃动，晃动的身体的反作用力就会导致手臂发生偏移，投出去的镖也不能保持准确率。因此，应注意保持身体的稳定性，选手将重心放在支撑脚上，另一支脚接触地面，不断调整重心以维持身体稳定。

(4)不能掌握送镖的力量。因此，应注意送镖要准确但不要盲目用力，这是成功击中目标的关键。投镖时不需要用手臂或肩的全部力量，将镖恰好插到盘上即可，伸展后的手臂离镖盘大约有1.5米。

顺势动作

 动作方法　见图3-2-9

(1)镖送出以后，手臂直接向镖盘方向伸出，这是保持连续的一致的投镖动作的关键；

(2)一旦飞镖送出以后，手臂自然地随之运动（像网球发球或棒球的投球一样），投掷飞镖不是一个急停急起的动作，整个过程需保持连贯、舒缓。

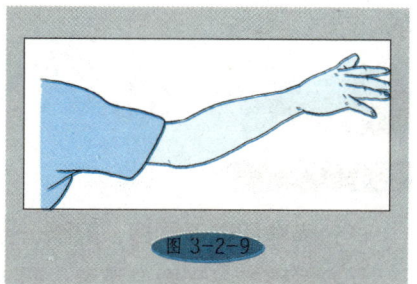

图3-2-9

技术要点

让飞镖飞出一道完美的抛物线是飞镖技术的关键。飞镖在瞄准目标时应略抬起，抬起的角度在后移时增大；在前移时减小。当镖脱手时几乎是水平方向，但仍有一个很小的向上的角度，飞镖的镖尖在任何时候都不得朝下。

投镖时，肩、肘、腕要进行协调的配合，才能保证飞镖飞出一道完美的抛物线。

(1)肩。必须保持肩部不动，投掷过程中只手臂动，身体的其他部分应稳如泰山。

(2)肘。在投掷动作的前期，即手臂后甩时，肘部应基本保持不动，在手臂前挥，飞镖加速过程中的某一点，肘部才顺势上扬，这是一个需要不断练习摸索的过程。此外还要注意，手在脱镖后应继续沿着原来的路线，以保证飞镖脱手后的飞行路线。

（3）腕。甩腕加力可以提高速度，但容易失误——需要磨炼腕上功夫。

（1）镖针朝下。因此，握镖一定要保持镖针略朝上。

（2）紧张。因此，握镖必须稳定，不能紧张。指尖因压力过大而发白，或者镖身上的纹路已印到指尖上，都是过度紧张的表现。正确的握镖是只要飞镖不会滑动，就能保证在加速过程中很好地控制飞镖。

（3）握拳，不握镖的手指可能习惯性地握起来。握拳会使其他手指过分紧张，释放时比较困难，还容易蹭到飞出去的镖，影响精度。因此，正确的方法是把它们伸开，或保持与其他手指一样的位置。

（4）初学者没有做到全身用力协调。因此，应注意这需要长期训练来完成。

投掷

动作方法

（1）瞄准和射击同理，眼睛、镖、目标三点对成一线。

（2）后移的一步要有距离，但不要移得太快。

（3）加速过程尽量自然圆滑地、沿着一定的抛物线方向运动，不能过快，并且需要适当地提肘。若需甩腕，也要遵循原来的曲线方向，直到飞镖脱手为止。

（4）释放的过程需要建立在流畅的后移和加速之上。

（5）随势动作是很重要的一点：出镖之后，手应继续沿着原来瞄准目标的方向顺势而出，不应在镖出手后手臂马上垂下。

技术要点

飞镖出手后，练习者无论是在身体上还是在精神上都要随着飞镖进入镖盘。

错误纠正

选手投镖时手腕颤抖,很难出色发挥。因此,选手应加强心理素质的训练。要有信心、耐心,稳得住,这样就会有得胜的机会。

第三节 动作练习

练习是享受飞镖运动的一个良好的途径,要想成绩得到提高,必须分析投镖动作,确定适合的技术动作,并且纠正不良的习惯动作。

对初学者来说,通过练习形成正确的投镖动作定型至关重要,常用的飞镖动作练习方法有:目标练习法、红心练习法、单倍区练习法、双倍区和三倍区练习法、重点练习法等。

准备姿势和投镖动作的连续练习

 动作方法　见图3-3-1

准备姿势和投镖动作要自然放松,动作舒适准确,必须学会保持身体平衡。投出飞镖时,必须倾斜着或把脚抬起来离开地面才能保持平衡。优秀选手在送镖时会轻轻地抬高脚后跟,使身体重心向前移,但不会失去平衡。

技术要点

(1)先从不同形状的镖身中选择适合自身条件的一种,并依照镖身形状确定适合的握镖法。

(2)握镖的最基本手形要求把飞镖放在掌沿上,确定飞镖重心的位置;用拇指将飞镖推到四指尖端,拇指放到重心后方,最后用其余手指抓住飞镖，这几个手指的位置依照舒适性原则自行确定。

（3）使镖针略朝上握镖，放松手指、手掌和手臂。握镖必须稳定，但不能使手指肌肉紧张，握镖时只要飞镖不会滑动，在加速过程中能很好地控制即可。

（4）初学者采取一脚在前的姿势：站立时右脚在前，左脚旋转一个角度，以使自己站得很舒适为原则，通过前臂渐进、流畅的运动实现投镖动作，此时前臂直接向镖盘伸展，同时伴随手腕的轻微向前运动。

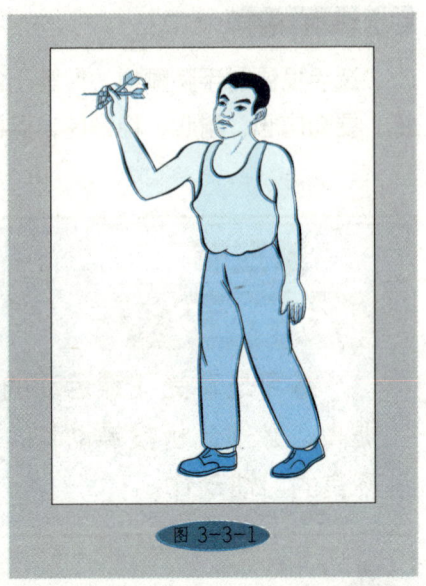

图 3-3-1

错误纠正

（1）手腕伸直。因此，手腕部位应当适当后屈，以便在投掷过程中获得更大的空间争取速度。

（2）镖针朝下。因此，握镖一定要保持镖针略朝上。

（3）身体僵硬。因此，身体应放松，重心略靠前，上体前倾。

集中注意力

动作方法

（1）预备时完全放松，注意力集中在动作姿势和投镖位置上。

（2）投镖用力要一致，使预备、送镖、顺势等动作自然地完成，最好把注意力集中在策略和得分上。

（3）把每一镖都当做是一个新的机会。即使在一轮的头两镖都偏离了目标，选手也要集中精力，充满信心。

（4）实践——发现错误——再实践。练习者可以把自己的动作摄录下来，以便找出缺点和不足。

技术要点

使身体处于良好状态，全神贯注，注意力集中在镖盘上，抛开所有的杂念。

错误纠正

注意力不集中。因此，选手应注意培养注意力集中的习惯。

模仿

通过观察别人动作来改进和提高自己的技术动作。

动作方法

（1）对初级水平和中级水平的练习者来说，观察别人的动作对练习尤其有益，因为一方面可以模仿一些有经验、已获得成功的选手的各种技术动作，另一方面，还可以观察一些水平不是很高的选手在比赛中存在的问题。

（2）通过观看职业选手比赛录像就可以找出所有职业选手的共同点，注意保证自己的结论是在看了多个选手的动作后做出的。

（3）与此相似，结伴练习也会更好地提高水平。有另一名选手作为搭档，提供了好的学习机会，并且能够很快地建立精神上的、自信的团队竞争意识。初学者可以通过观察其他选手的举止和精神面貌以及在与对手较量中学习。

（4）要求对基本的要素（从站姿到顺势动作）给予足够的注意，对新技术勤奋学习，无论在任何层次的比赛中都要注意：飞镖是一项友好的运动，不管水平高低，每一次飞镖比赛都应该以握手开始，并以握手结束。

技术要点

（1）将眼睛锁定在目标上是投镖的关键，目光不可以向上瞄或向下瞄以借此调整投掷落点；

（2）不断加强练习，直到飞镖能投中锁定的目标。

错误纠正

不能保持身体平衡，投镖时用力太大。因此，练习时可以找一个练习伙伴，两人之间相互纠正错误动作，相互鼓励，增强信心。

技术练习方法

技术练习方法有许多种，练习者可以通过这些方法，体会飞镖运动的乐趣。

目标练习法

动作方法

在第一镖投出后，不管是击中哪一个分数区，以后所投的镖都要以第一镖击中的区域为目标，也就是要去找第一镖，或者是尽量靠近第一镖。

技术要点

针对目标区域进行练习，一是要保持投镖动作不变形，逐步使投镖动作定型，二是明确投掷目标，以提高准确率。

错误纠正

投掷目标不明确。因此，每次练习都要先确认下一镖的目标位置在哪个区域，这如同在大海中的航船必须首先确定航向一样。

红心练习法

在我国，镖盘通常有两面，一面是通常501比赛的标准镖盘，另一面则是类似于射击用的靶盘。靶盘的中心是一个红心，以红心为中心分成9个圆环，红心代表10环，由外到内分别代表1~9环。

动作方法 见图3-3-2

(1)红心练习是指利用靶盘，以红心为目标进行投镖的技巧练习。对于初学者来说，红心练习是一个必不可

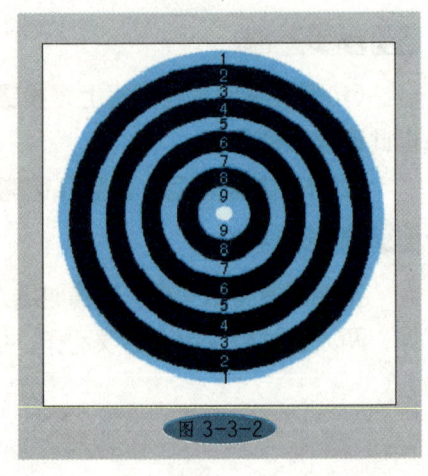

图3-3-2

少的步骤；

（2）红心练习也可进行比赛来增加练习的趣味性。

技术要点

调整投掷姿势，掌握好投镖力量，保持成绩稳定。

错误纠正

过长时间的练习会导致身体僵硬。因此，每组练习结束后应放松身体，在投镖过程中身体重心则应略靠前，上体前倾。

单倍区练习法

 动作方法 见图 3-3-3

（1）以击中单倍区为目标，而不是以击中三倍区和双倍区为目标。

（2）练习者在有了一定的基础之后，可以在 501 标准镖盘上进行单倍区练习。

（3）501 标准镖盘是典型的"时钟"式，整个圆盘分成相等的 20 个区域，每一区域由铁丝划分成单倍区、双倍区和三倍区三个部分，单倍区被三倍区分割成两个部分。练习者在进行单倍区练习时，可以从高分值的 20 分区开始，然后是 19 分区、18 分区……依次进行练习。

（4）如在进行 20 分区练习时，飞镖进入了左右的 5 分区或 1 分区，则投镖失败。

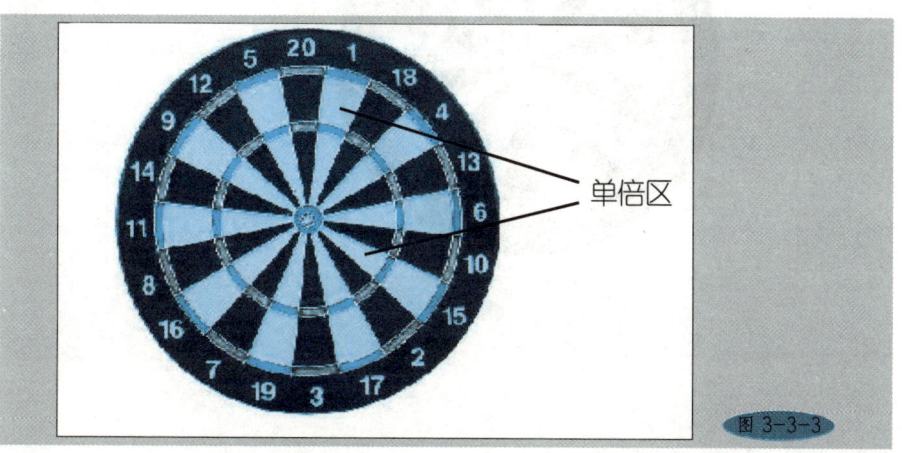

图 3-3-3

技术要点

由于单倍区区域较大，相对来说较为容易，因此是在三倍区和双倍区练习之前的必经阶段，单倍区练习的重点是要击中目标分数区。

错误纠正

练习时不以击中三倍区和双倍区为目标。因此，应注意练习时要确保击中单倍分数区内。

双倍区和三倍区练习法

动作方法　见图 3-3-4

（1）与单倍区练习方法基本相同，同属于"绕时钟"或"走圆圈"的方法。从高分值的 20 分区开始，19 分区、18 分区等依次进行练习。不同的是，它是以击中三倍区和双倍区为目标，要确保击中三倍区和双倍区内。

（2）也可以从低分值的 1 分区开始，然后是 2 分区、3 分区等依次进行练习。同时还要增加黑心和红心的练习，绕完时钟后，以击中黑心和红心结束练习。

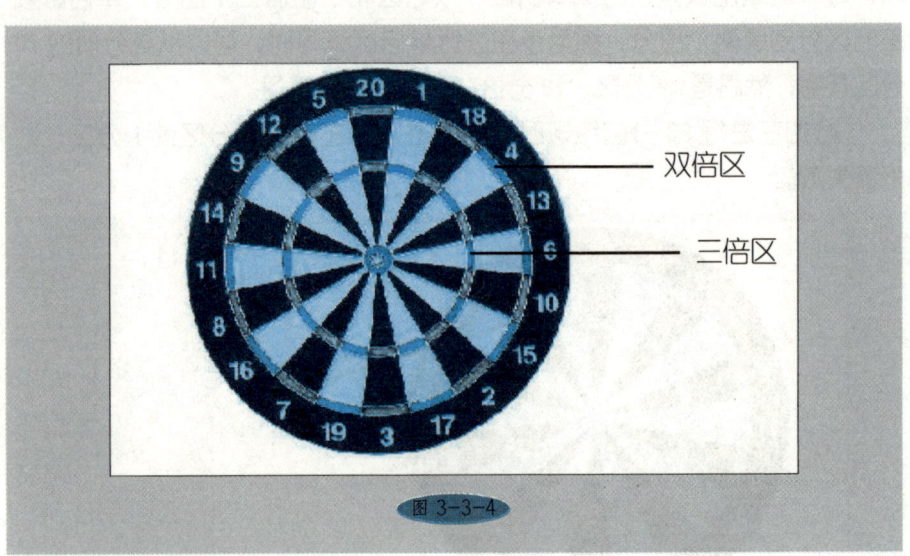

图 3-3-4

技术要点

这些练习既可以作为平时的训练，也可以两人或多人比赛，先结束比赛为胜者。许多趣味比赛都是在此基础上发展演变而成的。

错误纠正

飞镖进入了单倍区。因此，应注意按照动作方法反复练习，提高投镖的准确性。

重点练习法

动作方法

（1）根据分值的大小和个人的偏好有重点地练习。

（2）从分值的大小来看，可选取分值大的分数区，如20分区、19分区、18分区进行练习。如果身材不高，可选取19分区，而不是20分区进行练习。重点练习还可能根据个人对数字的偏好和自己的习惯来练习，如：有的人习惯最后一轮的三镖为某一偶数，通过18的双倍、9的双倍等固定结合结束比赛。

（3）在实际比赛中，每一个分数区作为被击中目标的概率是不相同的，通常应把以下几个分数区作为练习的重点：20分区、19分区的三倍、双倍区，红心，2的倍数双倍区。

技术要点

依据个人的身体条件和习惯，确定重点的练习内容，通过重点练习可以形成自己的"绝活"，在某几个分数区有十拿九稳的把握，通过分数的巧妙组合完成比赛。

错误纠正

无目的性的练习，进步较慢。因此，应注意采用重点练习法取得事半功倍的效果。

分数组合练习法

飞镖运动在力争获得高分的时候还要进行分数的组合，这也是飞镖运动的趣味和魅力所在。由于 01 比赛（欧美最常用的比赛规则）和其他的一些趣味比赛中，要求最后一镖必须击中双倍区才能结束比赛，因此，需要一定的计算速度和分数组合的技巧。

动作方法

（1）加减法练习。加减法是我们关于数学最基本的知识，对于一个成年人来说很简单，但如果一边比赛，一边计算，这就不是一件容易的事。如果一个分数组合计算错误，就会影响成绩。因此在平时练习中，一定要多加强这方面的练习。例如，练习三镖出手之后，最快能在多长时间内计算出剩下的分数。

（2）确保最后一轮剩下的分数为偶数。不管前几轮的分数是多少，在能够结束比赛的轮次的前一轮，保证剩下的分数为偶数，这样在最后一轮可以有更多的数字组合。01 比赛的设计者正是为了增加难度，让选手发挥组合技巧，使得飞镖比赛变幻无穷。

（3）确保投中每一镖。不要总想着手中这一镖如果没有击中，还有下一镖。要把每一镖都当做最后一镖，确保投中每一镖。如果一镖能够结束战斗，绝不等到下一镖。

技术要点

（1）准确是飞镖比赛的关键所在，但在比赛中，不仅要力求准确，而且还要求有快速计算分数组合的能力。在平常的练习中多加强这方面的练习对比赛中战胜对方有益。

（2）对飞镖好手来说，通常剩下 160 分就可能一轮结束比赛。对于一般爱好者，一轮获得 60 分可以看做及格分。

错误纠正

飞镖爱好者常常忽略甚至忘记在很多游戏中，要求以某一分数的双倍区结束比赛，因此发生单倍结束或爆镖，出现犯规；或者剩下奇数，不能尽快结束比赛，导致失利。因此，应根据自己平时的成绩或三镖平均分预先做好准备，为最后一轮留下一个或一组利于自己擅长组合的分数。

比赛练习法

经过一个阶段的练习后，有了一定的基础，可以尝试一下比赛的感觉。当然，这时的比赛与正式比赛是不一样的。这些比赛一般分数较少，一镖或几镖就可以完成，如54分、59分、60分或101比赛。

(1)54分，一个18分的三倍就可以结束比赛。如果一镖没有完成，还可以试一下别的组合。同样，59分也可以用19的三倍区就能完成。

(2)60分或101比赛，可以让你体验到正式比赛的感觉。20、19和18高分值分数区的高命中率，是取胜的关键。

第四节 趣味比赛

飞镖的玩法五花八门，多种多样。本节简要介绍其中较为流行的玩法，如在北美洲比较流行的"板球"。

虽然这个游戏项目被称为"板球"，但实际上这只是一种飞镖游戏。"板球"比赛是现代美国酒吧和游戏室里最流行的飞镖游戏，同时也是地方、区域以及全国性锦标赛中的标准比赛项目。这个游戏在英国又叫"米老鼠游戏"，它与英国的追逐赛运动非常相似。"板球"是一项注重准确度和战略的飞镖游戏，每个人都可以玩，很容易学会，但要精通却很难。对于国际选手来说，这里的"板球"指的是美国"板球"，因为美国"板球"与英国"板球"有着本质的区别。

参赛人数

两名选手或两个队。

见图 3-4-1

20、19、18、17、16、15 分数区和牛眼。

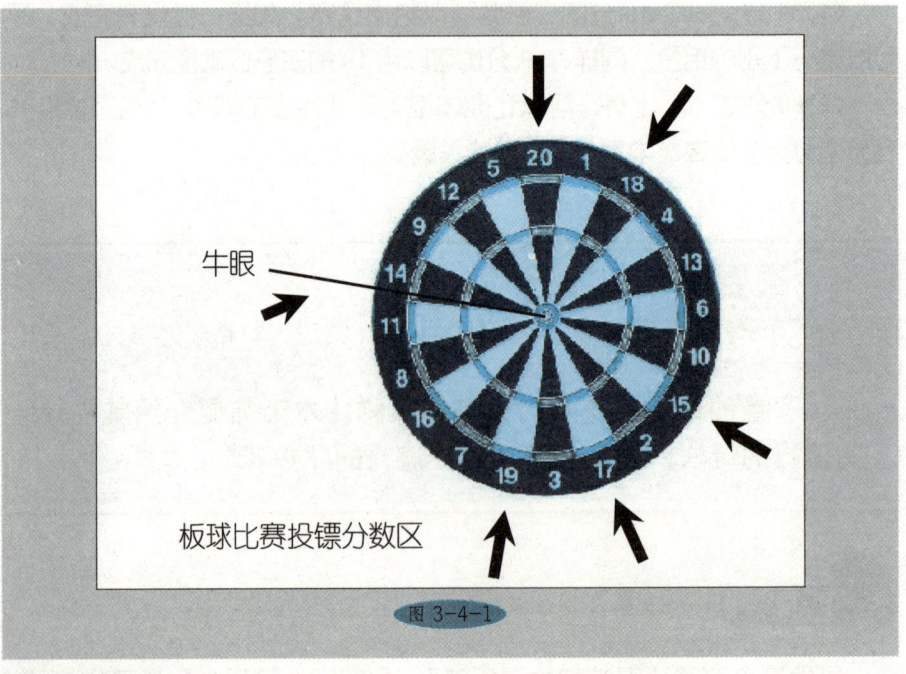

图 3-4-1

"板球"比赛要求每位选手要击中三次 20 至 15 这六个分数区中的每一个分数区，外加三次击中牛眼。击中目标分数的顺序没有限制，但一般是按递减的顺序进行。第一个结束所有分数区和牛眼，且成绩与对方打平或领先的为胜者。选手只有三次击中特定分数区或牛眼才能结束此分数区的比赛。第一个结束这个分数区比赛的选手能"拥有"这个分数，比赛结束时可以得分。例如，如果选手在比赛开始时四次击中 20 分区，按规则，三次击中同一分数区就可以结束此分数的比赛，这位选手的记分板上还要另加 20 分，因为对方还没有三次击中 20 分区。如果两位选手都结束了此分数区的比赛，就不可能在这个分数上得分。

玩好"板球"的关键是要瞄准目标分数的三倍区。因为每个分数区要投三次，三倍区是最有价值的，你可以只用一镖就能获得三镖的分数，第一轮完美的组合是 20 的三倍、19 的三倍、18 的三倍。一场完美的比赛可以短至 8 镖结束：6 个分数区（20、19、18、17、16、15）和双镖击中牛眼（要么两次击中双倍区，要么击中一个单倍区和一个双倍区）。这样，三倍区的得分也是最高的。

"板球"游戏中有两点至关重要：一是选手要取得最后的胜利，必须投中所有的目标分数，这叫无分板球。二是选手的总分必须与对方相等或领先。在板球比赛中得分需要策略，选手只能从他们结束的分数区、而对方还没有结束的分数区上得分，一旦双方都结束了此分数区就不能得分。这个得分游戏增强了"板球"的趣味性，因此，选手的每一镖都需要精心地策划。总而言之，选手必须清楚，是瞄准必须结束的分数区还是投镖得分，也就是在三镖一轮的比赛中，选手必须做出许多选择，是先得分还是先结束比赛。如果想得分，那"板球"就变成了有趣的猫抓老鼠游戏，一个防守，一个进攻，每个选手都想获得必要的分数区得分。

每一局"板球"比赛都是不同的，都需要不同的战术策略，但它们都遵循下面所陈述的一般基本法则。简言之，就是要简单、稳妥：

（1）先投镖者占有相当大的优势。

（2）在比分落后时，有两个办法：一种是比赛开始时就投镖得分，如有可能的话，结束一个分数区，然后得分；另一种是先关闭可能得分的分数，根据对选手和分数的判断而定。

（3）比分领先时，尽量先结束分数区比赛，尤其是那些用来得分的分数区，但要注意留有适度的分数余地，使对方在每轮比赛中至少要有一镖是用来得分，让他的精力多花在分数区上。

（4）积分不能过多。过多地制造得分通常只会使比赛时间延长。

（5）比赛结束前的分数一定要领先，因为许多比赛常常是以胜利者比对方击中的牛眼多而结束，但如果对方的比赛分数区（20～15）结束了，他就必须击中更多的牛眼来弥补分数差异，牛眼是 25 分，二倍牛眼（红心）是 50 分。

积分表如表 3-4-1 所示：

标准板球积分标志：

／＝击中一镖　×＝击中二镖　○＝击中三镖或结束。

表 3-4-1 板球比赛积分表

A		B
	20	
	19	
	18	
	17	
	16	
	15	
	B	

"板球"比赛要求参赛选手具有丰富的比赛经验，同时也是飞镖选手积累比赛经验的良好途径，常参加此类比赛，运动员会掌握更丰富的比赛技巧和流畅的个人技术。

第一轮（见表 3-4-2）：

选手 A：三次击中 20 分区，20 分区结束。

选手 B：击中 20 分的三倍区，两次击中 19 分区，20 分区结束。

第二轮（见表 3-4-3）：

选手 A：击中 19 分区、19 分的三倍区和 18 分区。19 分结束，得 19 分。

选手 B：击中 18 分的三倍区，试投 18 分、19 分失败，18 分区、19 分区结束。

表 3-4-2 板球比赛积分表（第一轮）

A		B
○	20	○
	19	×
	18	
	17	
	16	
	15	
	B	

第三轮(见表3-4-4)：

选手A：两次击中18分区，一次击中17分区。18分区结束。

选手B：击中17分的三倍区，17分区，另一次试投17分区失败。17分区结束，得17分。

第四轮(见表3-4-5)：

选手A：两次击中17分区，一次击中16分区，17分区结束。

选手B：三次试投16分区，只击中一次。

第五轮(见表3-4-6)：

选手A：两次击中16分区，一次击中15分的三倍区。16分区和15分区结束。

选手B：两次击中牛眼。

表 3-4-3 板球比赛积分表 (第二轮)

A		B
19 ○	20	○
○	19	⊗
/	18	○
	17	
	16	
	15	
	B	

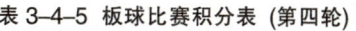

表 3-4-4 板球比赛积分表 (第三轮)

A		B
19 ○	20	○ 17
○	19	⊗
⦸	18	○
/	17	○
	16	
	15	
	B	

表 3-4-5 板球比赛积分表 (第四轮)

A		B
19 ○	20	○ 17
○	19	⊗
⦸	18	○
⦸	17	○
/	16	/
	15	
	B	

第六轮(见表 3-4-7)：

选手 A：一次击中牛眼，一次击中 15 分区(本来是瞄准牛眼，却落入 15 分区)，得 15 分。

选手 B：打算三镖都要击中牛眼，却击中了牛眼的双倍区。牛眼结束，得 25 分。

第七轮(见表 3-4-8)：

选手 A：两次试投有一次击中牛眼，一次击中 16 分区，得 16 分。

选手 B：打算三次都要击中牛眼，全部失败。

第八轮(见表 3-4-9)：

选手 A：一次击中牛眼，取得了胜利。

表 3-4-6 板球比赛积分表(第五轮)

A			B
19	○	20	○ 17
	○	19	⊗
	⊘	18	○
	⊘	17	○
	⊘	16	/
	○	15	
		B	×

表 3-4-7 板球比赛积分表(第六轮)

A			B
19	○	20	○ 17
	○	19	⊗
	⊘	18	○
	⊘	17	○
	⊘	16	/
	○	15	
	/	B	⊗

表 3-4-8 板球比赛积分表(第七轮)

A			B
~~19~~	○	20	○ ~~17~~
~~34~~	○	19	⊗ 42
50	⊘	18	○
	⊘	17	○
	⊘	16	/
	○	15	
	/	B	⊗

表 3-4-9 板球比赛积分表 (第八轮)

A			B
1̶9̶ ○	20	○	2̶1̶
3̶4̶ ○	19	⊗	42
50	18	○	
	17	○	
	16	/	
○	15		
	B	⊗	

顾名思义，它是一项生动活泼、充满竞争的游戏。它以击中双倍区为原则，其中还包括一些精心构想的策略。如果要练习投中双倍区的能力，这是个很好的手段。

3 个以上的人参加游戏更加有趣。

（1）使用的分数区可多可少，根据选手人数的多少平分镖盘上的分数区。每一个选手用他的"另一只手"（惯用右手的选手用左手投出）投一镖，以此来决定他的分数区。

（2）每位选手的分数区不能相同。如果选手未能击中镖盘，或者是击中别人的分数区，他可以再来一次。如：4 人比赛每人可分 5 个分数区。每人分摊的分数区最好间隔开，不要集中到一起。

（1）三名以上选手参加比赛，可以任意的方式选择开局的顺序：通过找

趣味比赛

圆心,通过"闪电法",或者根据选手姓名的字母顺序,从低到高,或者是按照相互都同意的一种顺序。

(2)每一名选手第一镖都要尽力击中自己分数的双倍区。把自己的分数区全部击中以后,可以去击其他任意一个人的分数区,故称"杀手"。这样一来,在记分板上他的名字的旁边就会被记上 K 字。

(3)成为杀手以后,这位选手就要瞄准对方的双倍分数区,来把他们挤出比赛。每击中一次他们的双倍区,他们就被记上一点。如果一名选手被记上三点,他就被挤出比赛。如果你不小心又打中自己的双倍区,那么就得给你自己记上一点。如果你不是杀手,掷中其他人的双倍区没有任何效果。

(4)每位选手有三次生命,如果杀手击中了对方的双倍分数区,这个对方就算死了一次。如果杀手由于失误击中了自己分数区的双倍区,这名杀手也死了一次。因此,杀手也可能因意外自己杀死自己,也可能在罕见的三镖中三次击中双倍区而杀死对方,最后直到剩下一人,比赛才算结束。

取胜之道

(1)尽管准确性是取胜的关键,但尽可能快地成为杀手,是杀手游戏中至关重要的。准确地击中双倍区的选手往往很容易获胜,因为他们有更多的机会击中对方的分数区。

(2)多名选手参赛使杀手比赛变得尤为残酷,特别是当两名或两名以上的选手成为杀手,瞄准同一个对手(俗称它为"歹徒集会")时,这时最好的办法是,仔细盯着对方,小心地瞄准,特别是双倍分数区相邻时。

记分

(1)将每位选手的代号、比赛的顺序垂直排列在记分板上,旁边画上具有标志性的三条斜杠,表示"三条命"(见表 3-4-10)。选手拥有的自己的分数区记录在代号的旁边。如果有一位选手成为杀手,他的代号旁边就会写上一个 K 字。谁的双倍区被对方击中,那他代表生命的斜杠就被抹掉。

(2)一局七轮,选手首次投中未被其他选手选定的分值区,即为该选手选定的分值区,并保持至局终。投中自己选定的分值区得 1 分。在积分≥6

分之前，投中其他区域无效，当选手积分≥6分后成为"杀手"。

（3）杀手投中自己选定的分值区，积分加1（积分加至9分后不再增加）。投中其他选手选定的分值区，被投中选手积分减1。如果某选手积分≤0，则这名选手被淘汰出局，剩下的最后一名选手为获胜选手。如完成七轮投掷，仍有不少于1名选手，则积分最高者获胜。

"杀手"变种

（1）三倍"杀手"。规则与常规"杀手"一样，只是由击中双倍改变为击中三倍区。正像常规"杀手"是很好的练习双倍的游戏，这一变种是巩固练习三倍的游戏。

（2）"杀手"——直接结束。在决定比赛分数区以后，每一名选手不用首先击中自己的双倍，就可以直接成为"杀手"。

（3）"杀手"——"别投你自己的分数区"。如果一名选手在成为"杀手"之后，偶然击中自己的双倍区，该选手不仅丢掉一条"命"，而且失去了"杀手"身份。他必须再次击中自己的双倍才能再次成为"杀手"。

表3-4-10 杀手比赛积分表

No	Player	
8	AF	///
17	NL	///
4	PB	///
20	KS	///

"上海"对三倍区和双倍区的准确度要求较高，是一项紧张激烈的分数竞争游戏。一局游戏结束，选手们的得分经常相同。作为一个"击球"游戏，它与棒球游戏很相像。

人数不拘，不论多少人均可，但一般由12位选手或更多的选手参赛。

1、2、3、4、5、6、7分数区(见图3-4-2)。

图 3-4-2

(1)选手们按照顺序依次轮流击中1,然后是2,直到7。他们尽可能多得分,按照习惯,每轮投三镖,比赛中只有击中镖盘上有效分数区才能算得分。例如,三次击中1分区得3分;三次击中7分区得21分。因此,随着比赛的向前推进,累积的分数就会越来越高,每个人的运气也会发生戏剧性的变化。

(2)玩"上海"游戏有两种方法可以取胜:一是比对方获得更多的分数;二是在"上海"得分就会自动获胜。任何选手都可能在一轮三镖中通过击中一个分数区的三倍、双倍和单倍(即"上海"),顺利赢得比赛。

(3)为了增加难度,在1~7分数区中增加3个障碍,分别是"上"

"海""上海"。"上"可以是任何一个分数区,通常是3分区,每轮连续三镖未击中"上"者,则此人的分数降为0;"海",通常是5分区,每轮连续投三镖未中"海"者,则此人被淘汰出局;"上海"为每连续投三镖,分别击中同一分数区的单倍区、双倍区和三倍区,击中者获胜,比赛结束,"上""海""上海"也需依次进行。

三倍区是瞄准分数区的最佳区域,它得分最多。如果你想击中"上海",自动获胜,三倍区是最难得分,也是必须得分的区域。

"上海"记分表是一张简单的坐标方格表,最上面是选手的代号,1~7分区依次垂直排列在左边,每一轮的累积分也记录了下来,这样选手很容易了解分数的变化。

第一局——投掷1分数区(见表3-4-11):

选手A:三次击中1分区,得3分。

选手B:击中1的三倍区,一次击中1分区(另外一镖没有击中1分区),得4分。

选手C:没有击中1分区。没有得分。

第二局——使用2分区:

选手A:没有击中2分区,没有得分。

选手B:两次击中2分区,得4分。

选手C:一次击中了2的三倍区,两次击中2分区,得10分。

表3-4-11 "上海"比赛积分表

	A	B	C
1	3	4	
2	3	8	10
3			
4			
5			
6			
7			

"上海"变种

（1）7分或者"你出局了"。比赛中，没有击中一个特殊的分数，选手就自动输掉了。这个分数通常是3、5，或者比赛中的最后一个分数（一般是7），在比赛开始以前确定。因此，如果选手没有击中3，他将自动出局。由于有三名以上的选手，比赛仍可继续，直到有人获胜。

（2）"上海"——双倍或三倍结束。有一些变种，使一般要求击中同一分数的三倍、双倍和单倍的"上海"游戏变得异常困难。这些玩法规定，不能以单倍结束。由于实行这样的规则，要击出"上海"，必须把击中双倍或三倍作为最后一镖，然后才能赢得比赛。

（3）"上海"——不同的分数。有时候偶然选择目标分数（替代上述规则中所说的1～7），还有些用9个分数而不是7个（1～9或者其他偶然选择的分数）。

"棒球"

"棒球"类似于"上海"，是地地道道的"回合"游戏，它对一系列分数要求准确无误。使用投球的棒球（飞镖）是击中牛眼的绝好工具。

参赛人数

多少人都可以，但一般只有两名选手或两个队同时比赛（类似于棒球比赛）。

分数区

1、2、3、4、5、6、7、8、9分数区（见图3-4-3）。

图 3-4-3

 规则

(1)选手轮流从 1 分区至 9 分区，与棒球比赛的九局一样，投镖只有击中比赛分数区才能得分，但数字本身的价值不会体现出来。比如，1~9 这几个数字中，击中任何一个数字的单倍区都只能得 1 分，当然，击中双倍区得 2 分，击中三倍区得 3 分。因此，完美的一轮或一局最高只有 9 分(三次击三倍区)。

(2)在九局比赛中，得分最多的选手是比赛的胜利者。如果出现平局，选手可以选择另外开局，比赛分数区从 10 开始，如有必要还可以依次向前类推，每位选手都从相同的分数区开始算起。就如同真的棒球比赛一样，每个队的机会都是相同的，直到出现了胜者，比赛才能结束。

 取胜之道

(1)无论是哪个数字，三倍区是最佳的瞄准区域，因为击中它就有机会

获得最高分；

（2）但不必专门瞄准三倍区，瞄准单倍区这个比较宽阔的领域，每一局平均有 2 分或更多分从此获得，也会在很多"棒球"比赛中获胜。

与"上海"一样，"棒球"比赛记分表是一张坐标方格表，最上面是每位选手姓名的第一个大写字母，左边从上到下依次是 1~9 这些数字。每轮比赛后都会把累积分记录下来。

第一局——投掷 1 分数区（见表 3-4-12）：

选手 A：向 1 分数区连投三镖，仅中一镖，得 1 分。

选手 B：击中 1 的三倍区，得 3 分。

第二局——投掷 2 分数区：

选手 A：没有击中 2 分数区，没得分。

选手 B：两次击中 2 分数区，得 2 分。

表 3-4-12 "棒球"比赛积分表

	A	B
1	1	3
2	1	5
3		
4		
5		
6		
7		
8		
9		

"棒球"变种

投掷"棒球"，这是一个投圆心的优秀项目。在常规棒球比赛中，选手击球并迅速奔跑。在投掷"棒球"中，选手"投掷"，即是投向圆心。选手每一轮三镖投向圆心（取下飞镖，记录下击中圆心的次数），然后向击球分数 1~9 再投三镖。选手得到"跑"的次数乘以击中圆心的次数。比如，一名选手击中两次圆心，击球分数乘以 2。如果没有击中圆心，该选手不可击球，分数为 0。一个完美的投掷"击球"是 6 个圆心——3 个内圆心。

投掷"棒球"积分与范例（见表3-4-13）。

表 3-4-13 "棒球"比赛积分表

	A	B
1	4	0
2	4	3
3		
4		
5		
6		
7		
8		
9		

使用同样的棒球记分纸。

第一次"击球"

选手 A 击中两次圆心（既可以是两个外圆心，也可以是一个内圆心），取出飞镖，然后击中两次 1 分。

得分：4 分（击中圆心的次数乘以"跑"的次数）。

选手 B 没有击中圆心，因此再一次"击球"不能投掷。

得分：0 分。

第二次"击球"

选手 A 没有击中圆心，没有得分。

选手 B 击中三次圆心（既可以是三个外圆心，也可以是一个内圆心和一个外圆心），然后击中一个 2 分。

得分：3 分（三个圆心乘以一个"跑"）。

"515"

与许多飞镖游戏一样，"515"看似非常简单，但实际上很难掌握。要想在比赛中取胜需要一定程度的准确度，它是一个非常好的热身游戏或练习项目，并且对 20 分区和 15 分区的练习非常有帮助。

参赛人数

人数不限，但参赛人数较多时，要求选手有较快的分数计算速度。

分数区

镖盘上的所有分数区都要用到，包括双倍区和三倍区，但一轮中三镖的总分必须能被 5 整除，因此，选手通常都要瞄准能被 5 整除的分数区，如 20、15、10 和 5 分数区（见图 3-4-4）。

"515" 比赛积分区

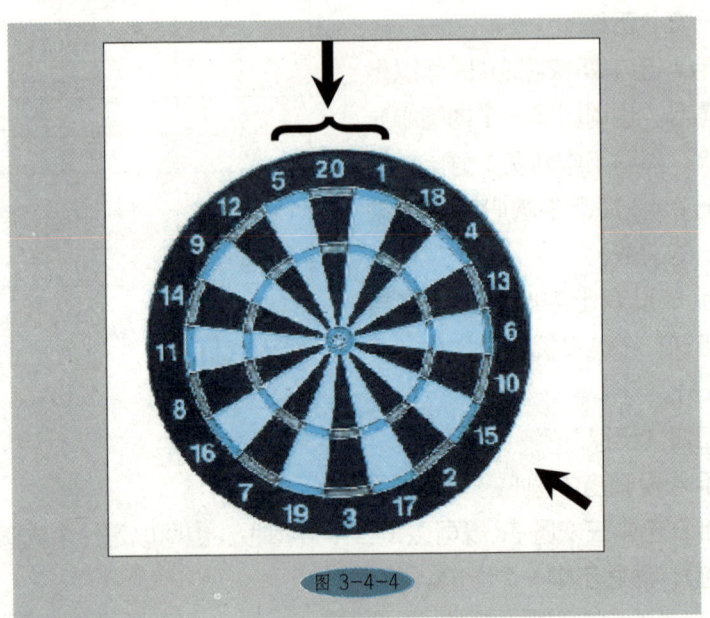

图 3-4-4

(1) 每轮连续投三镖，累计总分必须被 5 整除，累计分数不能被 5 整除，此轮则不计分。每一个 5 计 1 分，例如：连续击中 20、20、15 分，共计 55 分，可获得 11 分（55 除以 5 等于 11）。先获得 51 分者，即每一轮的分数相加等于 51 个 5，为胜者。

(2) 对于计算能力不强的选手，15 分数区和 10 分数区是较为安全的选择。"515" 比赛要求最后一轮最后一镖必须击中分数区，三镖分数被 5 整除，且与前面的分数相加正好等于 51 分，即 51 个 5 才算结束比赛。

(3) 选手的 3 镖必须都要投在分区内，否则该轮不得分。最后结束时，其得分必须正好等于 51 分，超过 51 分，则该轮不得分。如果最后一轮最后一镖未击中分数区，或飞镖掉落，即使前两镖分数被 5 整除，也不能计分，只能再进行一轮才能完成比赛。

取胜之道

(1)取胜的最好办法是要知道镖盘上最佳得分区。镖盘上有两个位置为选手提供了投镖击中能被 5 整除这个机会：5~20 分区这个三角地带，10~15 分区这个三角地带。准确击中这个区域能很快获得高分，没有击中这个区域就必须击中别的分数区才能使最后一轮的分数被 5 整除。

(2)一种较为大胆的玩法是击中能被 5 整除的牛眼(25 分区)和牛眼的双倍区(50 分区)。显然，比起击中 5、10、15 和 20 分区，它的难度是太大了。

(3)选手一般都尽量避免获得 49 个 5 或者 50 个 5，如果出现这种情况，选手在最后一轮的三镖中必须得 10 分或 5 分才能取胜，这个成绩看似容易，做起来难。例如，现在的成绩是 49 分，你必须再得 10 分，也就是两个 5 分(例如 6、2、2 或 7、2、1)，而要以最后三镖获得 5 分结束比赛更是难上加难(如 2、2、1 或 1、1、3)。

记分

选手在比赛中应准确计算出自己得了多少个 5 分，每轮后自己在记分板上的总分是多少。

实例

"515"比赛取决于参赛人数，比赛可以很快结束，也可能持续 10 轮或者更多。一场完美的比赛只需要两轮——六镖。下面是这种特殊比赛的几种变化(T= 三倍，S= 单倍)

第一轮：T20、T20、T20(180 分 =35 个 5)

第二轮：T20、S10、S50(75 分 =15 个 5)

或者

第一轮：T15、T15、T15(135 分 =27 个 5)

第二轮：T15、T20、T5(120 分 =24 个 5)

记住：最后一轮三镖必须全部投出并得分。

"515"变种

"555"在这个常用的变种中,适用同样的规则,但是 5 的总数必须是 55 个。与此相似,一个时间短一点的比赛,选手也可以选择略低一点的分数。

"环球旅行"

"环球旅行"是一个普通游戏,也被称为"绕时钟"。这是一个标准的比赛项目,对不同水平的练习者来说,它是一个很不错的实践机会。在这个游戏中,镖盘上的所有分数区都用到了,同时,它又为初级练习者熟悉镖盘提供了很好的机会。

参赛人数

人数不限,可多可少。

分数区

从 1 到 20 所有的分数区都要使用(在有些变种游戏中,还包括圆心)。

规则

此项游戏的目的是要力争一次依次击中镖盘上 1 到 20 的所有分数区,不管是单倍区、双倍区还是三倍区都要记分。在比赛中击中某一分数区后,选手转圈向前进入下一个分数区,第一个按照顺序击中所有分数区的选手是胜者。例如,完美的第一轮应该是按照顺序击中 1、2、3 分数区。

取胜之道

要取胜,准确必不可少,但不一定非要击中双倍区或三倍区,瞄准双倍区和三倍区之间的区域是击中目标的最安全之举。

记分

选手名字的代号要按照比赛顺序写在记分板上，每一轮后，选手在记分板上写下一镖的分数区。例如，击中3分区这一轮完成以后，就应在镖盘上把4写在选手名字的边上。

"环球旅行"变种

（1）包括圆心的"环球旅行"。圆心既可以加到开始时，也可以加到结束时，这在一定程度上会改变比赛。比如：要求在结束时增加圆心，如果不能击中圆心，可能会使另一名选手赶上来。与此相似，在开始时增加圆心，如果对手们在一轮或两轮中不能击中圆心，第一个击中者的选手可能会取得很大的领先优势。一个最富有挑战的变种是包括圆心的"环球旅行"——开始并结束。

（2）"环球旅行"——双倍。这是一个同样规则的比赛，但是每一名选手必须击中每一个分数区的双倍，按照顺序从1~20（可以包括也可不包括双倍圆心）。对于要求必须双倍开局和双倍结束的01比赛，这是一个很好的练习。

（3）"环球旅行"——三倍。每一名选手必须击中每一个分数区的三倍，按照顺序从1~20。即使对于飞镖好手，这也是一个持续时间较长的比赛。

（4）"环球旅行"——持续不断。如果一名选手投出了"完美的一轮"——比赛中按照顺序击中三个分数，持续不断地投掷就会出现。比如：一名选手在第一轮中连续击中1、2、3分数区，该选手可以取下飞镖后立即开始下一轮投掷。因为这是属于"奖励轮"，只有在环绕中没有击中某一分数，它的这一轮才结束，尽管那一轮仍然有一镖或两镖没有投出。在这一变种中，选手在对方没有机会投出一镖时即可获胜。

（5）"环球旅行"——三倍和双倍。比赛击中某一分数的三倍和双倍，可以得到奖励，允许他越过顺序中的下一个分数或多个分数。如果一名选手比赛击中了某一分数的三倍，那么他就可以立即跳过前面的一个分数。但是

选手不被允许超过最后一个分数,通常是 20 或圆心。

(6)"环球旅行"——三倍和双倍再加持续不断。比赛中击中某一分数的三倍和双倍,可以得到奖励,允许他越过顺序中的下一个分数或多个分数。一名选手投出了"完美的一轮"可以得到加投一轮的额外奖励。

"对半分"游戏要求参赛者有一定的技巧,它是参加英美五项全能锦标赛的职业选手常玩的一种游戏。"对半分"有时又称为"谋杀"。

在房间可容纳范围内,参赛人数不限。

20、16、7 的双倍区,14、10 的三倍区,17,双倍牛眼区(见图 3-4-5)。

图 3-4-5

规则

（1）选手轮流向按以上顺序排列的分数区投镖，先从 20 分区开始，最后以双倍牛眼区结束，要尽可能多得分，但只有击中规定的分数区才能得分。如果一位选手在整个一轮中都失误了，他的累积分要减半，"对半分"这个游戏名称由此得来。例如，两轮比赛结束后，选手的累积分为 76 分（第一轮三次击中 20 分，第二轮一次击中 16 分），但下一轮三镖都未击中 7 的双倍区，这位选手的得分要减半，剩下 38 分。如果第一个分数区 20 全部未击中，得分为零。如果奇数分要对半分，就要把分数调高为整数，如 51 分对半分成为 26 分。

（2）比赛结束时得分最多的选手是胜者，但有时也会出现平局这样罕见的情况，选手可以选择双倍牛眼区或其他分数区进行重新比赛。这种比赛也有可能出现对半分数最低的选手可以成为胜者的情况。

取胜之道

"对半分"比赛的分数区较多，其中包括三倍区和双倍区，比赛中准确是至关重要的，擅长于三倍区和双倍牛眼区比赛的选手很可能成为胜者。其原因很简单，双倍牛眼区是最后投掷、常常也是最难击中的分数区，许多选手的得分通常是因为这最后一镖而被减半。

记分

"对半分"记分表是一个普通的坐标方格表，最上面用大写字母写上选手名字的首字母，左边从上到下垂直排列目标分。每一轮比赛完后，累积分都被记录下来（见表 3-4-14）。

表 3-4-14
"对半分"比赛积分表

	A	B
20	40	60
16	(16)	(32)
	56	92
D7	(0)	(14)
	28	106
14	(56)	(42)
	84	148
T10	(30)	(0)
	114	74
17	(38)	(51)
	182	126
DB	(0)	(50)
	91	176

 "对半分"变种

(1) 使用板球分数对半分比赛。这个变种适用于所有对半赛规则，使用板球比赛用的分数区——20、19、18、17、16、15 和圆心。这个项目对于常规板球选手练习非常有用。

(2) 使用三倍和双倍对半赛。这是一个比标准对半赛略容易一些的游戏，适用同样的规则，使用的分数区为12、13、14、三倍（每一个三倍必须击中，否则得分减半）、15、16、17、双倍（任何双倍必须击中，否则得分减半）、18、19和外圆心。

（3）对半赛，随机分数。对半赛可以选择一组目标分数，有些人比赛时随机选定分数（可能包括特定的双倍和三倍）。

（4）对半赛，开局负分。有时候对半赛这样进行，适用于第一个分数没有击中，得分为负分（代替保持为0）的规则。例如：如果第一个分数20没有击中，得分为 -20 分（负20）。

"快跑"是一项除牛眼外，涵盖整个镖盘分数区，注重准确的游戏。它的特点是竞争性极强，比赛分成两个独立回合进行。

两名选手或两个队。

从1至20的分数区都要使用。

（1）决定比赛顺序后，比赛开始，其中一名选手是"得分者"，另一名为"阻拦者"。一般情况下，阻拦者先投镖。得分者的任务是要击中镖盘上的任何分数区，尽可能地多得分，而阻拦者的任务则是一次要击中1～20分数区中的任何一个分数区，不分秩序，击中分数区的任何部位都行。每一个分数区被击中以后，它就会从镖盘上被抹掉或删除，得分者就不可能再从那个分数区上得分。

（2）当所有的分数区都被抹掉以后，就不能得分了。这时得分者就应在镖盘上记下他们的最后得分，得分者和阻拦者开始交换角色。比赛以两个独立的回合进行，在整个一轮比赛中，每位选手既是阻拦者又是得分者。最后的胜者是得分最高的选手。

（1）对得分者和阻拦者来说，准确，尤其是在比赛开始时的高分区准确投镖，是获得此项游戏胜利的关键所在。得分者想在最高分数区得分，而阻拦者却想尽可能快地从记分表上把这些分数抹掉。

（2）没有从记分表上抹掉的任何分数都可能被击中得分。例如，得分者在第一轮中瞄准了20分区，他击中了1、5和20分区，如果这几个分数没有被抹掉，就算得分了。同样，这对于阻拦者也是如此，首轮出现了相同的结果，击中了1、5和20分区，他就可以把得分者的这三个分数抹掉。

记分表按照递减顺序从上到下排列了20～1分数区，最上面是选手的代号。阻拦者击中这些分数后就可以抹掉或删除它们，这些分数的边上是得分者的累积分。

第一轮：
选手A是阻拦者，击中了5、20和19分区，这些分数被删除。
选手B是得分者，两次击中18分区，一次击中4分区，得40分。
第二轮：
选手A是阻拦者，击中了18、17和16分区，这些分数被删除。
选手B是得分者，击中了15的三倍区，15分区和10分区，得70分。
比赛持续到所有的分数都被阻拦者删除，然后阻拦者与得分者角色转换。

比赛进行两轮，每一位选手分别作为得分者和阻拦者比赛完毕。胜者就是作为得分者得分最多的选手。

"英国板球"是一项极富挑战性的运动项目,它所涉及的运动术语有:击球手、投球手和三柱门,而且比赛分为独立的两轮。

两名选手或两个队。

所有的分数区都要用到,但因每次得分必须超过40分,高分数区(20分区)受到选手的喜爱。

(1)一位选手成为击球手,另一名选手成为投球手,击球手先开始比赛。记分表上10条斜杠当做10个三柱门,投球手的任务是击中牛眼抹掉三柱门。击中单倍牛眼区抹掉一个三柱门,击中双倍牛眼区抹掉2个三柱门。投球手的任务是尽可能地多得分,保住三柱门,但总分只有超过40分才能算得分。比如,总分38分不能算得分,总分41分算得1分,总分60分算得20分,依次类推。

(2)如果投球手把10个三柱门都抹掉了,就停止得分,击球手把他的最后得分写在记分表上,投球手和击球手交换角色。比赛分两个独立的回合进行,在整个一轮比赛中每个选手既要当投球手,又要当击球手,在作为击球手这一轮中得分最多的选手是胜者。

注重准确而不注重策略是"英国板球"游戏得胜的关键所在。一些选手可能更喜欢先成为投球手或击球手。

记分

记分表上有 10 条表示三柱门的斜杠,它是为投球手准备的,还有一部分空间是为击球手得分准备的。

实例

第一轮:选手甲是击球手,击中了 20、20 和 20 的双倍区,总分为 80 分。得分为 80-40=40 分,记为 40 分。

选手乙是投球手,击中了牛眼,抹掉一个三柱门。

第二轮:选手甲是击球手,击中了 20、1 和 5,总分为 26 分;低于 40 分,不得分,记为 0 分。

选手乙是投球手,击中了牛眼的双倍区和牛眼的单倍区,抹掉 3 个三柱门(见表 3-4-15)。

表 3-4-15
英国板球比赛积分表

投球手	击球手
//	40
//	
//	

这是一个新的有很大发展前途的游戏,该游戏融合了美式橄榄球和英式足球的两种规则。该游戏对初学者有一定难度。

两人或两组选手。

只使用呈对角的任意两个分数区和牛眼(见图 3-4-6)。

规则

(1)可选择呈对角的任意两个分数区，如20与3分数区，18与7分数区等。

(2)以20与3分数区为例，一方从20的双倍区开始，可视为"球门"，依次投镖经过20的

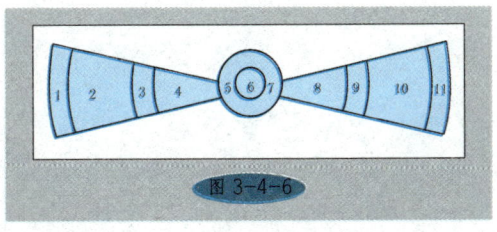

图3-4-6

单倍区、20的三倍区、20的单倍区、牛眼，到达双倍牛眼(红心)区，再从靠近3分数区的牛眼区，依次投镖经过对角的3分数区的单倍区、三倍区、单倍区，到达对方的3的双倍区。

(3)另一方行进方向相反，从3的双倍区开始，依次投镖经过3的单倍区、三倍区、单倍区、牛眼区到达双倍牛眼区，再从靠近对方20分数区的牛眼区，依次投镖经过对角的20分数区的单倍区、三倍区、单倍区，到达对方的20双倍区。率先到达对方起步的双倍区，即"球门"者为胜者。从球门至对方球门共11个区域，因此，至少需要11镖才能完成比赛。未击中应该经过的区域，此镖失败，换由另一方投镖，轮流进行。

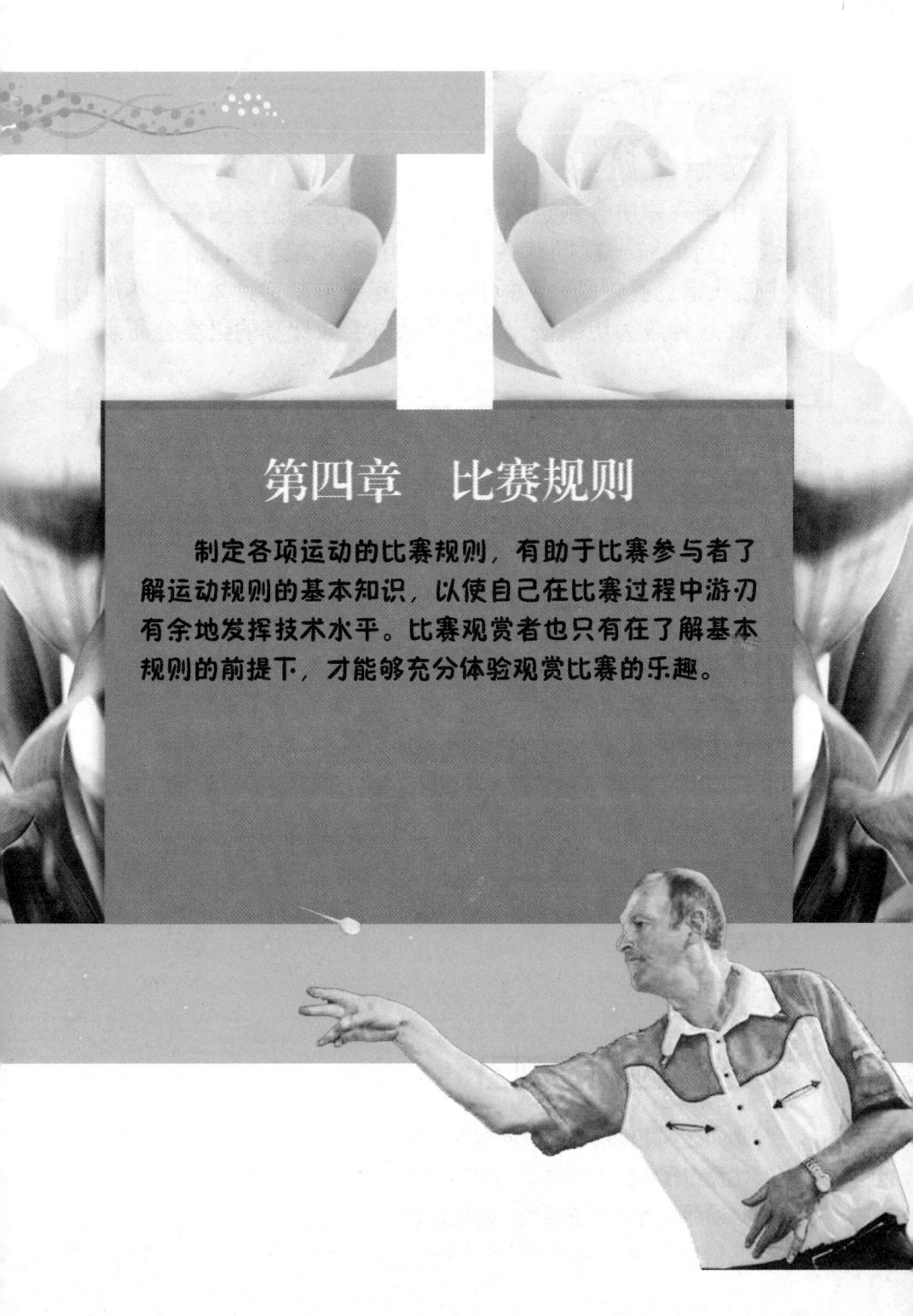

第四章 比赛规则

制定各项运动的比赛规则，有助于比赛参与者了解运动规则的基本知识，以使自己在比赛过程中游刃有余地发挥技术水平。比赛观赏者也只有在了解基本规则的前提下，才能够充分体验观赏比赛的乐趣。

第一节 竞赛规则

中国飞镖协会制定的中国飞镖竞赛规则是全国各级飞镖比赛执行的统一规则；各地区在组织飞镖比赛时，须依据《中国飞镖竞赛规则》，并可根据比赛要求制定具体的比赛规程，此规程应为组织该比赛的飞镖协会或比赛的组委会所承认。

竞赛项目

竞赛项目可包括下列任意一项或所有项目：
(1) 男子单人赛；
(2) 女子单人赛；
(3) 男子双人赛；
(4) 女子双人赛；
(5) 团体赛（每队至少有三名运动员参加）；
(6) 青年组（可为单人赛、双人赛或团体赛，年龄限制在20岁以下）。

比赛形式

(1) 淘汰赛；
(2) 循环赛。

运动员的行为准则

(1) 必须在规定的检录时间内报到，接受点名；
(2) 比赛过程中必须听从裁判员的裁决；
(3) 必须严格遵守比赛场地的使用规定；

(4)除裁判员、报分员、记分员、记录员和指定的参赛运动员外,其他任何人一律不许进入比赛区;

(5)比赛过程中不得喧哗和干扰运动员投镖;

(6)比赛过程中,在运动员投镖时,其他运动员必须站在该选手身后侧0.6米以外;

(7)比赛过程中不得吸烟、吃食物、饮用含酒精饮品;

(8)比赛过程中严禁携带和使用对讲机、手机等通讯设备;

(9)运动员要穿着得体,比赛时上身应着有领上衣,下身应穿长裤,严禁穿着背心、短裤、无领衫及拖鞋入场,团体比赛,每队运动员着装应统一,双打比赛,每队运动员着装应统一,未经组织者允许,任何选手不得穿着带有广告、标语、公司、产品名称或俱乐部名称的服装;

(10)在比赛过程中,如出现参赛运动员的比赛用具损坏或丢失,此运动员将被允许在裁判的陪同下,用最多2分钟的时间修理或替换用具;

(11)在一场比赛过程中,如运动员因紧急原因须离开赛场,在此局比赛结束后、下局比赛开始前,可允许该运动员在裁判的陪同下离开赛场一次,时间最多5分钟;

(12)在比赛过程中,运动员之间应相互尊重,严禁烦扰其他运动员或使用攻击性语言或动作,严禁任何非运动员的行为(例如故意输掉一场或一轮比赛,故意拖延比赛等)。

竞赛规则

第二节 竞赛通则

比赛者可以通过竞赛通则了解裁判人员的职责，以便更好地进行比赛。

裁判人员

比赛设裁判长1人，副裁判长2～3人。

1. 裁判长

（1）裁判长由主办单位委任，负责主持整个裁判工作；

（2）竞赛前，负责检查场地设施和器材，负责组织裁判员学习规则；

（3）负责召开必要的裁判会议，比赛结束时进行总结；

（4）对比赛中发生的有关裁判方面的重大问题，有权作最后决定；

（5）对违反规则的运动员，有权取消其比赛资格；

（6）有权处理在执行裁判工作中犯有严重错误或不称职的裁判员；

（7）审核并签署比赛成绩；

（8）闭幕时宣布比赛成绩；

（9）大会结束后进行工作总结。

2. 副裁判长

协助裁判长进行工作，分管赛前裁判员和记分员的学习和培训工作，了解裁判学习情况。裁判长不在时，代理执行其职责。

3. 裁判员

（1）赛前检查场地设施、器材是否符合规定；

（2）检查运动员服装、证件、号码和比赛器械是否符合规则要求；

（3）判定运动员投镖是否有效，对犯规者，有权给予处罚；

（4）监督报靶、记分和比赛的进展情况；

（5）处理有争议的投镖，负责修改记分表上的错误；

（6）比赛中出现问题时与裁判长商定，发生重大问题时，应及时报告裁判长。

第三节 比赛方法

运动员要按照一定方法进行比赛，并遵循一定的比赛规则，以便使比赛有序进行。

所有单人、双人、团体比赛单局必须采用 501 分，直接开始，双倍区结束。

单人赛、双人赛比赛局数
(1)预赛，五局三胜；
(2)复赛，五局三胜；
(3)1/8 决赛，七局四胜；
(4)1/4 决赛，九局五胜；
(5)半决赛，十一局六胜；
(6)三、四名决赛，十一局六胜；
(7)一、二名决赛，十三局七胜。

团体比赛方法

(1)循环赛，包括单循环或双循环主客场赛；
(2)淘汰赛，在锦标赛团体比赛中使用；
(3)团体比赛包括六局单人赛和三局双人赛，每队胜一局得 1 分，负一局不得分。

(1)每场比赛争先之前，参赛运动员允许在其专用比赛场地上练习 9 镖，时间不得超过 5 分钟；

(2)没有裁判允许，任何人严禁在比赛专用场地内练习，只允许在指定练习场地上练习。

投镖

(1)比赛时每一轮投三镖，运动员必须在不借助其他任何设备的情况下用手投掷飞镖；

(2)运动员在投镖过程中双脚严禁同时离地，如双脚同时离地，则为犯规，此镖不计分数；

(3)运动员在每轮投镖过程中，双脚不能以任何方式踩踏或超越投镖线，如踩踏投镖线，此镖不计分数，不得重投，如超越投镖线，则表示此轮未投出的镖为弃权镖，不得再投，只记录已投出有效镖的所得分数；

(4)在投镖动作开始后，投镖手所持飞镖镖翼与眉平行并超过肩部时即为投镖开始，在此时间以后飞镖无论以任何形式脱离投镖的选手，既为投出，此镖不得重投；

(5)飞镖被镖盘弹回、坠落地面时，此镖不得重投，不计分数；

(6)双人、团体比赛时，每位运动员的投镖顺序必须按照比赛表上所排列的顺序投镖。

(1)双方运动员在练镖后开始争先，争先是以争红心的方法进行，胜者在第一局，以及其后该场比赛中所有奇数局均首先开始比赛，另一方在第二局及其后的偶数局先开始比赛。

(2)双方运动员以投硬币或其他抽签方法决定由哪一方先投红心。

（3）争红心方法。双方运动员向圆心区各投一镖，根据飞镖距离红心的远近决定比赛开始顺序。双方运动员在各投一镖后，由裁判决定哪一方的镖距离红心近，距离红心近者为胜方。在争红心时，下列情况可以重投：双方的镖同在圆心区（50分或25分）内或裁判裁定二支飞镖与红心的距离相等（重新争先将采用与前一次倒转的顺序进行）；任何一方的镖被镖盘弹回落地；若第二位运动员的镖将第一位运动员的镖打落，则双方选手可以重投。

（4）如果一位运动员的镖正中圆心区（50分或25分），该运动员应把镖从盘上拿下，再由下一位运动员投镖。

（5）双人或团体比赛，每对或队须派比赛表中运动员排列顺序的第一位运动员参加争先。

飞镖分数是通过镖针附着在镖盘表面且在双倍区外圈金属线环绕分区内所得分数来确定。

（1）当裁判宣布得分时，在镖盘有效分值区内的得分有效。

（2）运动员投镖后，必须等裁判宣布并记录得分后才能将镖拔下。在宣布和记录得分后，飞镖应由投掷者收回，投掷者通过此行为表示承认所宣布和记录得分数。

（3）任何一方对得分有异议时，必须在拔镖前提出，否则无效。

（4）记分员应按照剩余分数减去得分的方法，计算再次剩余得分。

（5）运动员的得分记录必须明显地写在记分板上，记分板在运动员和裁判前方与眼睛水平的位置。

（6）任何一方请求复查自己或对方上一轮剩余分数记录，必须在自己或对方下一轮的剩余分数还未被记录前提出，如发现上一轮剩余分数记录有误，可要求裁判进行更改；如自己或对方下一轮的剩余分数已被记录，再发现上一轮剩余分数记录有误，则上一轮剩余分数记录不得更改。

（7）在比赛过程中记分员以及在场其他人员，不能提示运动员投镖所得分数或剩余分数，同时不能提示运动员所剩分数是多少分的双倍区。

（8）在比赛过程中，运动员可以要求裁判告知本人所投中的单镖得分数或每轮投镖前的剩余分数。如果裁判告知的单镖得分数或每轮投镖前的剩余分数有误，而运动员结束了错误的剩余分数，则该运动员可将这一结果认为是正确结果或要求重新投一次。

（9）任何运动员以在该盘先投中结束所需的双倍区使其分数减为零分者为胜方。

比赛开始前，双方的基本分数各为501分，以倒扣的方法进行比赛，以先扣到零分的一方为胜方，结束镖必须在所剩分数一半的双倍区。

运动员投镖后，三镖或三镖内任意一镖的分数超过所剩余的分数或只剩一分时，即为爆镖，其分数仍为此轮投镖前的分数。

第四节 竞赛程序

根据规则，竞赛程序分预赛、复赛、半决赛和决赛。

（1）全体运动员报名后，组委会以公开抽签的方式决定并安排预赛对局表；

（2）按预赛对局表的顺序，确定参赛运动员的号码；

（3）在预赛开始前，将运动员号码和预赛对局表发到运动员手中，在赛场公告栏中张贴预赛对局表；

(4)预赛场地按比赛规模分成若干赛场，运动员分到若干赛区比赛。

(1)预赛结束后，由记录处将复赛对局表制作完成；
(2)复赛前，将复赛表交到运动员手中，并张贴在赛场公告栏中；
(3)复赛也分成若干赛区进行比赛。

半决赛和决赛阶段比赛分先后在同一赛场比赛。

第五节 处罚

对比赛过程中出现的问题，比赛规则中都规定了相应的处罚。

对弃权、罢赛及拒绝领奖的处罚

(1)对报名后、检录前弃权的运动队及运动员予以取消所有项目的比赛资格；
(2)在竞赛过程中，由于某种原因拒绝继续比赛为罢赛，对罢赛运动队及运动员除不记队或个人名次外，对该队及个人给予停止参加全国性比赛一年的处分；
(3)运动队或运动员因某种原因拒绝领奖，给予该队及运动员取消比赛名次、停止参加全国性比赛两年的处分；
(4)对拒不服从裁判裁决以及有严重粗鲁行为并严重影响比赛进行、造成极坏影响的运动员，视情节轻重给予取消其单项比赛资格或全部比赛资格的处分。

疑问、争议和申诉

(1)对镖盘上某镖的分值发生疑问时，记分员或运动员在拔镖之前向裁判员提出，由裁判员判决，裁判员的判决将是最终的判决；

(2)关于记分表上分值的任何争议，必须提交裁判员解决，裁判员对分值的改动，必须在拔镖前进行，裁判员及有关运动员应在修改分值处签名；

(3)对每天的成绩有疑问，应在当天向裁判委员会提出；

(4)运动员对裁判员的判决有争议时，可通过领队在比赛当天以书面形式向仲裁委员会提出申诉，如争议的问题影响到名次或奖牌的归属问题，则应在仲裁委员会做出裁决后发奖；

(5)竞赛规则的解释权属于中国飞镖协会，在竞赛规则中没有清楚涉及到的问题由中国飞镖协会决定，其决定是最终的，且应遵守。